Les relations de voisinage

DÉLIMITER SA PROPRIÉTÉ

Le bornage

Le propriétaire d'un terrain (le Code civil parle de « fonds »), qu'il soit construit ou non, n'en connaît pas toujours précisément les limites réelles. Et pour cause, il n'existe en général aucun document permettant d'en établir les frontières exactes : les actes de propriété sont le plus souvent évasifs, le cadastre, document à caractère fiscal, ne constitue pas un titre de propriété, mais simplement une présomption qui peut être contestée. Quant aux limites matériellement apparentes (haies, murs clôtures…), elles sont précaires car elles ont pu être déplacées au fil du temps ou inexistantes. Cette ignorance est à l'origine de nombreux conflits de voisinage, en ville comme à la campagne. Pour les éviter ou les régler, une solution existe : le bornage. Il n'est pas obligatoire, sauf exceptions (voir p. 13). Toutefois, s'il le souhaite, un propriétaire peut contraindre son voisin à procéder au bornage de leurs propriétés respectives *(art. 646 du Code civil)*. L'opération doit alors intervenir soit à l'amiable, soit après l'intervention du tribunal d'instance. Notez que si un terrain a déjà fait l'objet d'un bornage, même ancien, celui-ci a valeur définitive, qu'il découle d'un accord amiable ou d'une décision de justice *(Cass. civ. 3e du 31.10.12, n° 11-24602)*. Pour savoir si un précédent bornage a déjà été effectué, il est possible de consulter le portail de l'Ordre des Géomètres-Experts (www.geofoncier.fr) qui intègre progressivement les bases de données des géomètres-experts. Cet outil est accessible au grand public depuis le 5 avril 2011. Son alimentation est progressive.

Qu'est-ce qu'un bornage ?

Le bornage est une opération qui consiste à déterminer, une fois pour toutes, la limite séparative entre deux propriétés voisines, et à la matérialiser par la pose de repères visibles, les « bornes ». Il permet notamment de prévenir tout empiètement sur son terrain par un voisin voire, le cas échéant, de prouver a posteriori l'existence d'un tel empiètement *(Cass. Civ. 1re du 18.2.15, n° 13-22627)*.

Seules les propriétés privées sont concernées

Le bornage n'est possible qu'entre propriétés privées, bâties ou non bâties. L'action en bornage n'est toutefois pas possible entre des terrains constituant des lots d'une même copropriété *(Cass. Civ. 3e du 19.11.15, n° 14-25403).*

Les fonds doivent être contigus (c'est-à-dire accolés) et appartenir à deux propriétaires distincts. Des terrains restent contigus s'ils sont séparés par un ruisseau de faible importance, un fossé ou un sentier. Ils le sont également si l'un d'eux est délimité par un chemin privatif, le bornage devant, dans ce cas, être effectué à partir de la limite extérieure du chemin. En revanche, deux fonds séparés par un chemin public, une voie ferrée ou une limite naturelle telle qu'une rivière ou une falaise *(Cass. Civ. 3e du 13.12.18, n° 17-31270)* ne peuvent faire l'objet d'une action en bornage. Il en est de même de deux constructions accolées, édifiées sur deux terrains voisins. La présence d'une clôture entre les terrains ne s'oppose pas au bornage. Mais vous devez d'abord vérifier si elle n'avait pas été édifiée dans le passé pour matérialiser un accord avec le voisin (ou un de ses prédécesseurs)

Le bornage est obligatoire dans une ZAC ou un lotissement

Le bornage, en principe facultatif, peut être obligatoire dans certains cas. La loi impose, en effet, le bornage de tout terrain à bâtir destiné à la construction d'habitations ou d'immeubles à usage mixte lorsqu'il est situé dans une zone d'aménagement concerté (ZAC) ou dans un lotissement. En pratique, toute promesse et tout acte définitif de vente portant sur un tel terrain doit désormais comporter une description du terrain résultant d'un bornage *(art. L. 115-4 et L 115-5 du Code de l'urbanisme)*. À défaut, l'acquéreur peut demander en justice la nullité de la transaction dans le mois suivant la signature de l'acte définitif. La Cour de cassation a toutefois assouplit sa position en considérant que l'annexion à l'acte de vente des documents d'arpentage et de piquetage pouvait suffire *(Cass. Civ. 3e du 30.6.16, n° 15-20623)*. Lorsque la vente porte sur un terrain isolé, le bornage reste facultatif. Néanmoins, le vendeur doit décrire le terrain et indiquer si cette description résulte ou non d'un bornage, sous peine des mêmes sanctions *(art. L. 115-5 du Code de l'urbanisme)*.

sur un bornage antérieur, qui interdirait tout nouveau bornage. Lorsque deux terrains sont séparés par un mur mitoyen, l'action en bornage n'est pas recevable. En effet, dans ce cas, la limite séparative se trouve nécessairement sur l'axe médian de ce mur *(Cass. Civ. 3e du 30.10.12, n° 11-24141).*

Le bornage le long du domaine public est impossible. Si votre terrain longe le domaine public, vous ne pouvez pas le borner. Seule l'autorité administrative est alors compétente pour établir la délimitation de votre propriété par rapport à la sienne. Vous pouvez demander cette délimitation au maire de la commune ou au préfet du département dont dépendent les parcelles concernées. Il s'agit de la procédure « d'alignement ». Si vous n'êtes pas d'accord avec la délimitation effectuée, vous pouvez vous adresser au tribunal administratif pour récupérer la surface que vous estimez être à vous. Si vous souhaitez uniquement réclamer une indemnité, les tribunaux judiciaires (d'instance ou de grande instance) sont compétents. En revanche, si votre terrain jouxte le domaine privé de l'État, du Département ou de la commune (si ces entités sont propriétaires en tant que personnes morales), par exemple s'il s'agit d'un chemin rural, le bornage est possible *(art. D. 161-12 et D 161-13 du Code rural).*

Seul le propriétaire peut demander un bornage

Pour avoir le droit de demander un bornage, il faut être propriétaire du terrain ou titulaire d'un « droit réel », à savoir détenir l'usufruit, la nue-propriété, un droit d'usage et d'habitation, ou être titulaire d'un bail emphytéotique (c'est-à-dire de longue durée). En aucun cas les locataires n'ont ce droit. De même, le titulaire d'une simple servitude de passage sur le terrain d'autrui ne peut pas demander de bornage pour cette parcelle *(Cass. civ. 3e du 15.06.11, n° 10-14802).* Lorsque la propriété est démembrée entre nu-propriétaire et usufruitier, chacun peut demander seul le bornage. Mais le propriétaire voisin a intérêt à demander l'intervention des deux, car le bornage demandé par l'un ne s'impose pas à l'autre. En cas d'indivision (à la suite d'une succession, par exemple), l'action en bornage doit être demandée par un ou des indivisaires représentant au moins 2/3 des droits indivis *(art. 815-3 du Code civil)* car elle relève de la catégorie des actes d'administration *(Cass. Civ. 3e du 12.04.18, n° 16-24556).*

Le bornage amiable

Lorsque les propriétaires sont d'accord pour délimiter leurs terrains, la solution la plus économique est le bornage à l'amiable (voir notre modèle de demande de bornage au voisin, p. 194). C'est d'ailleurs la solution retenue dans une majorité de cas. En théorie, rien ne leur interdit alors de fixer eux-mêmes la limite séparative de leurs fonds, d'établir le plan correspondant, puis de poser des bornes ou d'implanter, à frais partagés, une clôture ou un mur mitoyen. Par précaution, il est souhaitable de matérialiser l'accord intervenu dans un écrit, déposé chez un notaire afin qu'il le publie à la conservation des hypothèques pour qu'il s'impose à tous. La Cour de cassation a récemment précisé que l'accord des propriétaires sur l'implantation d'une clôture délimitant leurs fonds n'impliquait pas, à lui seul, leur accord sur la propriété des parcelles et pouvait donc être contesté des années plus tard *(Cass. Civ. 3e du 19.05.15, n° 14-11984).*

> **+** En pratique, il est préférable **de faire intervenir un géomètre-expert**, pour procéder au mesurage.

L'intervention d'un géomètre est conseillée

Fixer la limite séparant deux ou plusieurs fonds est généralement assez délicat, en particulier lorsque les lieux ne présentent aucune limite naturelle (haie, fossé, etc.), et qu'il est nécessaire de se reporter aux titres de propriété, récents ou anciens. Le géomètre dispose d'un monopole pour dresser les plans et les documents topographiques délimitant les propriétés foncières. Il doit être inscrit à l'ordre des géomètres-experts et être titulaire d'une carte professionnelle. Il engage sa responsabilité en cas d'erreur, et doit souscrire une assurance professionnelle pour se couvrir. Le géomètre détermine la limite exacte des terrains. Il étudie les actes de vente, les donations, les plans cadastraux ainsi que tout autre document officiel existant (acte d'échange publié, plan de remembrement, etc.). Il analyse aussi les prétentions des deux propriétaires et les preuves apportées pour les étayer, ainsi que les coutumes locales. Il prend ensuite les mesures du terrain (on parle « d'arpentage ») et trace les lignes séparatives sur un plan figurant l'état des lieux, la situation des fonds et la position des bornes. Enfin, si les parties sont d'accord, il matérialise la délimitation des propriétés par des bornes dont la tête demeure apparente au ras du sol, puis il dresse un procès-verbal.

Un procès-verbal de bornage est établi

Le procès-verbal de bornage établi par le géomètre doit être signé et publié. Ce document est normalisé : doivent y figurer au moins l'état civil des demandeurs en bornage et des propriétaires riverains et les références cadastrales de la parcelle. Pour le reste la rédaction du procès-verbal est libre. Il résume le déroulement des opérations précédentes, décrit la limite des terrains et les repères qui la matérialisent (piquets, pieux, bornes…). Une fois accepté et signé par les parties, il établit officiellement et définitivement les limites des propriétés. Le procès-verbal s'impose donc aux signataires et n'est plus susceptible de contestation, sauf si l'un d'eux démontre que son consentement a été faussé ou que le géomètre a commis une faute (ce qui est rare, en pratique). Pour le rendre opposable aux tiers, mieux vaut faire publier le procès-verbal au Service de la publicité foncière (ex Conservation des hypothèques). À cette fin, il doit être déposé chez un notaire, qui l'authentifie. Et ce d'autant plus que la Cour de cassation a jugé que le procès-verbal de bornage peut être opposable à l'acquéreur d'un immeuble alors même qu'il n'a été ni publié ni rappelé dans son titre de propriété *(Cass. civ. 3e du 9.4.13, n° 12-13516).*

Arracher une borne est sanctionné

Si vous constatez que les bornes délimitant votre propriété ont été déplacées ou détruites, vous pouvez déposer plainte contre X auprès du procureur de la République pour destruction du bien d'autrui. La Cour de cassation a, en effet, jugé que l'arrachage de bornes constituait une dégradation d'immeuble *(Cass. crim. du 8.7.86, n° 85-92820)*. Le coupable, s'il est confondu, risque deux ans d'emprisonnement et 30 000 € d'amende *(art. 322-1 du Code pénal)*. En cas de dommage léger (simple dégradation des bornes), le vandale s'expose uniquement à une contravention de cinquième classe de 1 500 € maximum *(art. 131-13, 5° du Code pénal)*.

Les frais sont partagés

Selon l'article 646 du Code civil, le bornage se fait à frais communs. Les propriétaires doivent se mettre d'accord pour en répartir le coût entre eux, la solution la plus simple étant un partage par moitié. Cependant, il est possible de répartir les frais différemment, par exemple : par moitié pour l'achat et l'installation des bornes, et proportionnellement aux superficies des terrains pour les frais d'arpentage et de mesurage. Les honoraires du géomètre ne sont pas réglementés et varient selon la complexité de la mission. Avant de s'engager, il est donc utile d'obtenir plusieurs devis détaillés. À ces frais s'ajoutent les honoraires du notaire pour l'établissement de l'acte de dépôt et les frais de publicité foncière (comptez entre 100 et 150 € ou davantage si le procès-verbal est particulièrement volumineux ou si le notaire procure des conseils et les facture).

Le bornage judicaire

En cas de désaccord sur le principe du bornage ou sur ses conditions, une action en justice peut être envisagée. Plus fréquent en milieu rural qu'en milieu urbain, le bornage judiciaire est notamment demandé lorsque les propriétaires ne se sont pas entendus sur les limites de leurs fonds, sur le choix du géomètre, ou s'ils contestent les conclusions de ce dernier. Il n'existe aucun délai pour exercer cette action : elle est donc toujours possible, dès lors qu'un bornage antérieur (qu'il soit amiable ou judiciaire) n'a pas déjà été effectué *(Cass. civ. 3e du 31.10.12, n° 11-24602)*. Notez que le bornage amiable ne fait obstacle à l'action judicaire que s'il a abouti à la pose matérielle des bornes *(Cass. civ. 3e du 19.01.11, n° 09-71207)*.
Toutefois, la Cour de cassation a reconnu que la limite des parcelles pouvait également être matérialisée par un mur séparatif construit en même temps que le lotissement depuis plus de 30 ans, ce qui rendait l'action en bornage dépourvue d'intérêt *(Cass. Civ. 3e du 14.4.16, n° 15-10.153)*.
Sachez également que le tribunal ne peut pas remettre en cause les limites définies dans le cadre d'un aménagement foncier agricole et forestier *(Cass. civ. 3e du 16.6.10, n° 09-14969)*.

Le tribunal d'instance est compétent

La procédure judiciaire doit être intentée devant le tribunal d'instance du lieu où sont situés les terrains, l'assistance d'un avocat n'étant pas obligatoire. Mais attention, si le litige relatif au bornage révèle une contestation sérieuse portant sur le droit de propriété, il ne s'agit plus alors seulement d'une action en bornage, mais d'une action en revendication de propriété (voir le chapitre 9). Celle-ci relève alors de la compétence du tribunal de grande instance, et l'avocat devient obligatoire. Le cas échéant, il appartient au tribunal saisi d'apprécier si la demande de l'un des voisins constitue bien une action en bornage ou une action en revendication de propriété.

> **+** L'action en bornage vise à **déterminer les limites des terrains** et non le droit de propriété sur ces terrains *(Cass. Civ. 3e du 10.6.15 n° 14-14311 et 14-20428).*

Chaque partie doit apporter des preuves

Dans un bornage judiciaire, chacune des parties est à la fois demanderesse et défenderesse, de sorte que chacun doit apporter les preuves qu'il détient pour défendre sa position : titres de propriété, cadastre, configuration des lieux, résultat d'un arpentage, témoignages... Le juge d'instance apprécie souverainement la valeur des éléments de décisions soumis à son examen. Il peut ainsi écarter des titres communs aux deux voisins qui ne lui semblent pas déterminants, retenir les actes émanant d'un seul d'entre eux, se fonder sur une présomption unique ou ne retenir que les constatations matérielles effectuées sur place, en écartant les informations contenues dans le cadastre. Il peut même, lorsque la superficie réelle des parcelles est inférieure à celle indiquée dans les actes de propriété et que la ligne de séparation entre les propriétés n'est pas matérialisée, répartir le déficit de surface proportionnellement entre les deux propriétés pour établir la frontière entre elles. En général, diverses mesures d'instruction complémentaires sont, par ailleurs, ordonnées : une expertise, une enquête, etc.

> **+** Le plus souvent, **le juge désigne un géomètre-expert**, qui établit un projet de bornage fixant la ligne divisoire des fonds.

Un procès-verbal de bornage est établi

Au vu des preuves apportées et du rapport établi suite aux mesures d'instruction complémentaires, un procès-verbal de bornage est rédigé. Si les propriétaires tombent d'accord, ils signent ce document. Si l'un d'eux refuse, il est homologué par le tribunal. Dans les deux cas, des bornes sont implantées par le géomètre en exécution du jugement rendu : elles fixent pour l'avenir les limites des terrains.

Les frais sont partagés

Les frais du procès doivent normalement être partagés entre les deux propriétaires, mais le juge peut décider d'une répartition inégale, notamment en cas de mauvaise foi avérée de l'un des voisins : s'il s'est opposé de façon injustifiée à un bornage amiable, par exemple.

Le jugement de bornage peut être contesté

Les parties ont 30 jours pour contester le jugement de bornage devant la Cour d'appel. Passé ce délai, il devient définitif et irrévocable : il s'impose alors aux parties. Par ailleurs, pour être opposable aux tiers, le procès-verbal doit être publié à la conservation des hypothèques dans un délai de 2 mois. Comme pour un bornage amiable, le procèsverbal judiciaire, une fois publié, se substitue aux titres de propriété antérieurs et présente un caractère définitif. Toutefois, si l'un des voisins constate par la suite que le bornage judiciaire ne correspond pas à la réalité, il a la possibilité d'en demander l'annulation devant le tribunal de grande instance. Il aura alors l'obligation de prouver que son consentement a été vicié lors de l'approbation du procès-verbal (du fait d'une manœuvre frauduleuse, par exemple). S'il apparaît qu'une erreur a été commise par le géomètre désigné, il pourra engager la responsabilité professionnelle de ce dernier et demander des dommages et intérêts.

Le bornage des propriétés privées

Le bornage consiste à déterminer, une fois pour toutes, la limite séparative entre les propriétés privées contigües appartenant à deux personnes distinctes. Il se concrétise par la pose de repères visibles sur les terrains : les bornes. Le bornage n'est pas, en principe, obligatoire. Mais, s'il le souhaite, un propriétaire peut contraindre son voisin à y procéder, au besoin en justice.

Le bornage est possible

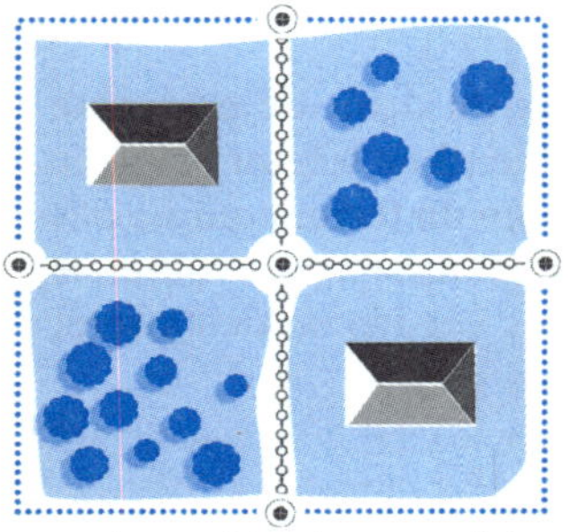

Le bornage n'est possible qu'entre propriétés privées, bâties ou non bâties. Les fonds doivent appartenir à deux propriétaires distincts.

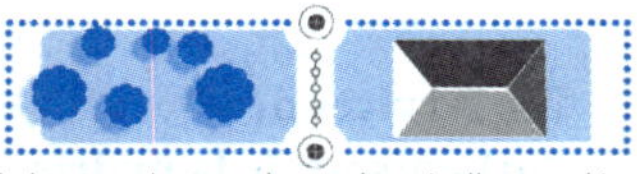

Seuls les terrains contigus, c'est-à-dire accolés peuvent être bornés.

Des terrains séparés par un chemin privé appartenant à l'un des deux propriétaires restent contigus. Le bornage doit, dans ce cas, être effectué à partir de la limite extérieure du chemin.

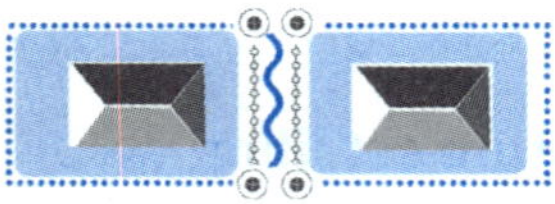

Des terrains restent contigus – et donc bornables – s'ils sont séparés par un ruisseau de faible importance, un fossé ou un sentier.

Le bornage est impossible

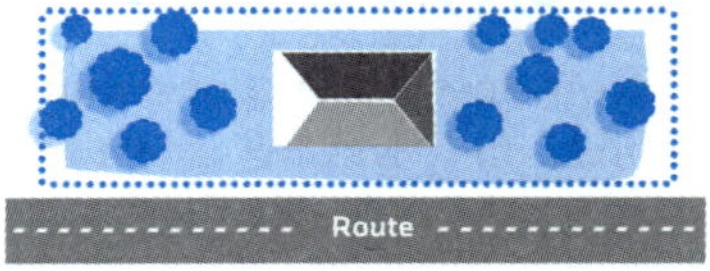

Vous ne pouvez pas borner votre terrain s'il longe le domaine public, une route par exemple. Seule l'autorité administrative est alors compétente pour établir la délimitation de votre propriété.

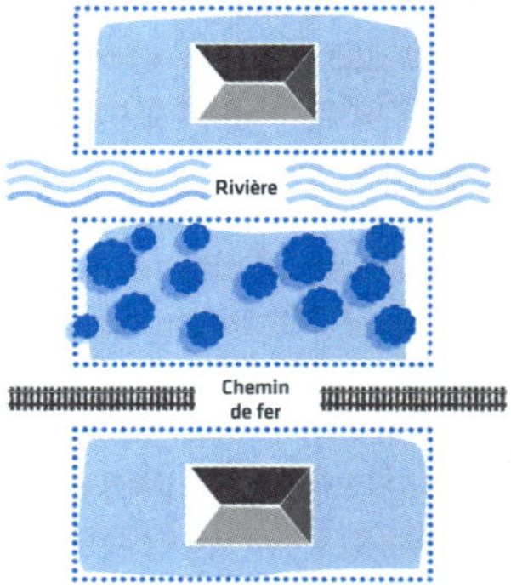

Deux terrains ne peuvent pas être bornés s'ils sont séparés par une rivière ou une voie ferrée.

Lorsque les terrains sont construits, le bornage est impossible si les constructions sont accolées en limite séparative.

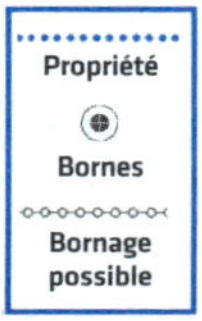

La clôture des propriétés

Tout propriétaire a le droit de clore sa propriété pour en empêcher l'accès, par souci de sécurité, pour préserver son intimité ou éviter l'empiètement du voisin. La liberté en la matière n'est cependant pas totale.

Le droit de se clore

Le droit de se clore constitue un attribut du droit de propriété *(art. 647 du Code civil)* et est imprescriptible (il ne s'éteint pas avec le temps). Ainsi, vous pouvez décider de clore un terrain qui n'a pas été clôturé pendant trente ans ou plus. Cette liberté trouve toutefois ses limites dans le respect des droits de vos voisins ou de l'intérêt général.

Choisir son mode de clôture

Tout ouvrage destiné à fermer une propriété est considéré comme étant une clôture, quel que soit son matériau : mur en dur, palissades, treillages, grilles, pieux, fils barbelés... Le Code rural considère aussi comme clos tout terrain entouré par une haie de plantations ou par un fossé de 1,20 mètre de largeur et de 0,50 mètre de profondeur *(art. R. 651-1 du Code rural)*. Mais attention, si vous êtes propriétaire d'une maison dans un lotissement, le cahier des charges peut vous interdire ou vous imposer un mode de clôture particulier. Vous devez alors respecter ces prescriptions contractuelles, sous peine de voir les autres propriétaires agir en justice contre vous. Par ailleurs, les règlements d'urbanisme et les usages locaux peuvent aussi imposer des restrictions relatives à l'aspect, la hauteur ou la nature des clôtures.

> **+** Les **services de l'urbanisme de la mairie** sont compétents pour fournir les informations sur les règles de clotûre des terrains.

Le choix de l'emplacement de la clôture est libre

Vous pouvez poser librement votre clôture, à condition de respecter les droits de votre voisin. Vous n'êtes pas obligé de lui demander son accord, mais il est plus courtois de le prévenir. Cette précaution vous évitera souvent un litige ultérieur. Le cas échéant, votre voisin peut même avoir intérêt à construire, à frais partagés, une clôture mitoyenne (voir le chapitre 3). Si vous décidez de poser unilatéralement une clôture, vous devez la placer à la limite de votre propriété, et non à cheval sur la limite séparative. À défaut, votre voisin pourrait exiger son déplacement ou sa démolition (voir modèle de lettre p. 196). La Cour de cassation est d'ailleurs très sévère en la matière. Elle a, par exemple, considéré qu'un empiétement de la clôture de 0,50 cm sur le fonds attenant constituait une violation du droit de propriété *(Cass. civ. 3e du 20.3.02, n° 00-16015)*. C'est pourquoi vous devez, avant de commencer les travaux, connaître les limites de votre fonds, en établissant au besoin un bornage. Par ailleurs, vous n'avez pas intérêt à poser la clôture trop en retrait par rapport à la limite de votre terrain. Au bout de trente ans, votre voisin pourrait revendiquer la propriété de l'espace en cause, du fait de sa possession prolongée (*art. 2272 du Code civil)*.

Les restrictions au droit de se clore

Le droit de se clore peut être restreint par la présence de servitudes de passage ou par des contraintes d'intérêt public. En outre, la clôture ne doit pas nuire aux voisins.

La présence d'une servitude de passage

Vous n'avez, normalement, pas le droit de clore votre terrain si un voisin dispose d'un droit de passage chez vous, par exemple parce que sa propriété est enclavée, c'est-à-dire qu'elle n'a pas d'accès direct à la voie publique ou n'y a qu'un accès insuffisant (*art. 682 du Code civil* ; voir le chapitre 6). De même, vous n'avez pas le droit de clore votre parcelle si un voisin bénéficie, en dehors de toute enclave, d'un droit de passage établi par convention ou reconnu par jugement. En effet, aux termes de l'article 701 du Code civil, « le propriétaire du fonds débiteur de la servitude ne peut rien faire qui tende à en diminuer l'usage ou

> **+** Un terrain constructible est enclavé **s'il ne dispose pas d'une issue suffisante** pour assurer sa desserte complète *(Cass. Civ. 3e du 9.6.15, n° 13-28228)*.

à le rendre plus incommode. » Toutefois, il convient de concilier cette servitude avec votre souci légitime de vous protéger contre les incursions sur votre propriété. Les juges admettent donc que vous puissiez clore, dès lors que vous ne portez pas atteinte au passage du voisin. En général, la création d'une ouverture dans la clôture suffit à préserver ses intérêts. En cas de conflit, la gêne subie est appréciée au cas par cas par le tribunal d'instance qui arbitre entre les intérêts en présence. Par exemple, si le propriétaire enclavé exerce une activité agricole, l'ouverture aménagée dans la clôture doit permettre le passage des engins liés à cette activité.

Les contraintes d'intérêt public

L'intérêt général conduit parfois à interdire la pose d'une clôture. Par exemple, si votre terrain est situé en bord de mer, la clôture ne doit pas empêcher le droit de passage accordé au public le long du littoral (voir le chapitre 8). De même, si vous êtes riverain d'une voie navigable et s'il existe un chemin de halage, vous ne pouvez pas installer une clôture à moins d'une certaine distance du bord de cette voie (c'est la servitude de « halage », voir p. 119). Le cas échéant, vous devez aussi tenir compte des servitudes de visibilité. Ainsi, si vous êtes riverain d'un croisement ou d'un virage dangereux pour la circulation routière, vous pouvez être obligé de respecter des règles particulières (interdiction d'édifier un mur, hauteur maximale de clôture…) de manière à assurer des conditions de visibilité satisfaisantes. Nous ne pouvons citer toutes les contraintes d'utilité publique, très nombreuses. Pour connaître celles qui s'imposent éventuellement à vous, renseignez-vous en mairie ou auprès des services d'urbanisme du département.

La clôture ne doit pas nuire aux voisins

Lorsqu'une clôture est édifiée dans l'unique but de créer une gêne aux voisins, ceux-ci peuvent agir en justice pour faire constater l'abus de droit et obtenir sa démolition. Ainsi, les magistrats ont admis l'existence d'un trouble anormal de voisinage à propos d'un mur de clôture destiné uniquement à priver la maison voisine de l'ensoleillement et de la vue dont elle profitait jusqu'alors *(Cass. civ. 3ᵉ du 30.10.72, n° 71-13473)*. De même, ils ont condamné un propriétaire à réduire la hauteur du mur qu'il avait édifié dans l'intention de priver son voisin de la vue panoramique dont il jouissait jusque-là *(Cass. civ. 3e du 17.1.73, n° 7114746)*. À l'inverse, il a été jugé qu'une clôture de 2,35 m de haut ne constituait pas un trouble anormal de voisinage, car la diminution de clarté qui en résultait n'empêchait pas un usage normal du jardin attenant *(Cass. civ. 3e du 23.3.99, n° 96-17732)*. La surélévation d'un mur mitoyen entrainant de l'ombre sur la pelouse et non sur l'habitation du voisin, et ce sur 12 m² vers 10 heures pour devenir nulle la plus grande partie de la journée, ne constitue pas non plus un trouble anormal de voisinage *(Cass. civ. 3e du 5.9.12, n° 11-21771)*.

> **+** Une clôture constituée **par un alignement de vieux sommiers métalliques** cause un préjudice esthétique constitutif d'un trouble anormal du voisinage *(Cass. Civ. 3e du 19.11.15, n° 14-23.342)*.

Imposer une clôture commune

En ville, le droit de se clore peut devenir une obligation. L'article 663 du Code civil prévoit, en effet, que vous pouvez contraindre votre voisin à contribuer à la construction et aux réparations d'une clôture commune (ou mitoyenne, voir le chapitre 3) séparant vos maisons, cours et jardins. L'intérêt de cette disposition est d'éviter de juxtaposer des clôtures d'aspects différents, créant un interstice en limite de propriétés où humidité et mauvaises herbes peuvent se glisser. Elle permet aussi d'éviter une double dépense.

Le terrain doit être situé en ville

Imposer une clôture commune à votre voisin n'est possible qu'en ville et dans les faubourgs, mais pas à la campagne. Ces notions n'étant pas définies par la loi, c'est au juge de déterminer, en cas de litige, si votre propriété est située ou non en agglomération. Il est tenu compte du nombre d'habitants, de l'activité économique et de la topographie des lieux. En outre, le terrain à clôturer doit comporter une construction, le but étant ici de protéger les habitations : si vous êtes propriétaire d'un terrain nu, vous ne pouvez donc pas imposer une clôture commune à votre voisin. Vous conservez certes le droit de clore, mais vous devez le faire sur votre terrain et à vos frais. Enfin, l'application de la clôture commune suppose qu'il n'existe pas déjà de clôture en dur. Autrement dit, si vous avez édifié seul un mur de clôture privatif, vous ne pouvez pas ensuite imposer à votre voisin qu'il devienne commun et exiger qu'il vous rembourse la moitié des frais que vous aviez exposés. Vous pouvez lui proposer cette solution, mais pas la lui imposer. À l'inverse, s'il le souhaite, votre voisin pourrait vous imposer de lui céder la mitoyenneté du mur que vous avez construit seul en limite séparative (voir le chapitre 3).

Trouver un accord avec le voisin

En pratique, si vous souhaitez imposer une clôture commune à votre voisin, vous devez commencer par le contacter, en faisant référence aux conditions posées par l'article 663 du Code civil (voir notre modèle de lettre p. 197). Sur le plan juridique, vous avez parfaitement le droit de vous mettre d'accord sur des termes différents de ceux prévus dans cet article (il n'est pas « d'ordre public »). Vous

> **+** L'édification à l'amiable d'une clôture mitoyenne n'implique pas, à elle seule, un accord sur la propriété des parcelles. **Il est toujours possible de remettre en cause** cette délimitation *(Cass. Civ. 3e du 19.5.15, n° 14-11984).*

Clôtures électriques : quelles précautions ?

À la campagne, certains propriétaires utilisent des clôtures électriques pour enclore leurs pâturages (les propriétaires de chevaux, notamment) ou éviter l'incursion d'animaux nuisibles sur leurs terrains. L'installation de ces clôtures est soumise à des prescriptions particulières, en raison des accidents qu'elles sont susceptibles d'occasionner. Tout d'abord, une déclaration doit être déposée en mairie, à laquelle doit être joint un certificat d'homologation du matériel. Des panneaux spécifiques portant la mention « clôture électrique » doivent également être installés tous les 50 mètres pour informer les passants. Enfin, il est interdit au propriétaire de se brancher directement sur une source d'énergie extérieure et notamment sur le réseau de distribution électrique.

pouvez donc vous entendre (un accord écrit est souhaitable) sur le type de clôture à édifier (mur, haie, grillage…), sa hauteur, et sur la répartition de son coût, le tout dans le respect des règlements et usages locaux.

Saisir le tribunal en cas de désaccord

Si vous ne parvenez pas à vous mettre d'accord ou si votre voisin refuse le principe même d'une clôture commune, vous devrez saisir le tribunal de grande instance (l'assistance d'un avocat est obligatoire). Un expert sera nommé pour établir un projet qui, une fois entériné, s'imposera à vous et à votre voisin. Attention, lorsque la clôture est ainsi imposée par le tribunal, ce dernier s'en tiendra forcément aux termes de l'article 663 du Code civil. La clôture sera alors obligatoirement un mur en dur. Ce mur devra respecter les réglementations et usages locaux, notamment concernant les hauteurs autorisées. À défaut de telles réglementations, le mur devra

Les clôtures imposées en raison d'un danger

La présence sur votre propriété d'excavations dangereuses pour la sécurité publique peut vous obliger à les entourer d'une clôture. Il en est ainsi si vous possédez un puits. Le maire peut en effet vous contraindre à le clore pour empêcher toute chute *(art. L 2213-27 du Code général des collectivités territoriales)*. Vous pouvez éviter l'installation d'une clôture en posant un écriteau signalant le danger, sauf en cas de risque grave de chute (si le puits est situé en limite de propriété ou près d'un passage privé ouvert la nuit). Dans ce dernier cas, si vous n'obtempérez pas aux injonctions du maire, il peut ordonner la réalisation des travaux à vos frais *(Rép. min. Q n° 23706,* JO *Sénat du 11.3.93, p. 432)*. Rappelons, par ailleurs, que si vous avez une piscine non couverte enterrée dans votre jardin, elle doit être munie d'un dispositif « antinoyade » : une clôture, une alarme sonore, une couverture fermant le bassin ou un abri clos. Encerclant totalement le bassin, la clôture est le dispositif le plus sûr. Elle doit mesurer 1,10 m de hauteur minimum et disposer d'un portillon muni d'un double système de verrouillage.

avoir une hauteur minimale de 3,20 mètres si vous résidez dans une ville de 50 000 habitants ou plus ; de 2,60 mètres dans les autres cas *(art. 663 du Code civil).*

Les formalités administratives

Même si tout propriétaire a le droit de clôturer sa propriété par souci de sécurité, d'intimité ou pour toute autre raison, cette prérogative ne s'exerce pas sans contrôle.

Dans quels cas faire une déclaration préalable ?

Vous devez déposer une déclaration préalable en mairie, si vous souhaitez édifier un mur d'une hauteur supérieure ou égale à 2 mètres. En revanche, cette formalité n'est pas exigée pour un mur de moins de 2 mètres ou une simple clôture (grillage, palissade, haie…), sauf, dans deux cas : si votre terrain est situé dans un site faisant l'objet d'une protection spécifique (secteur sauvegardé, site inscrit ou classé, champ de visibilité d'un monument historique…) ou encore si une décision du conseil municipal impose le dépôt d'une déclaration préalable *(art. R. 421-2 et R. 421-12 du Code de l'urbanisme).* Par ailleurs, le plan local d'urbanisme (ou le plan d'occupation de sols) peut vous imposer des contraintes spécifiques, quant à la hauteur maximale ou minimale, au choix des matériaux, à la couleur de l'enduit… Vous avez donc intérêt à consulter au préalable les services de l'urbanisme de votre commune pour mettre sur pied votre projet. Sachez qu'aucune déclaration préalable n'est requise pour les clôtures de chantiers, pour celles nécessaires à l'activité agricole ou forestière, ni pour celles s'incorporant dans une opération plus vaste pour laquelle une autorisation a déjà été obtenue (un permis de construire, par exemple).

> Si votre terrain se trouve dans un lotissement, reportez-vous également **au règlement et au cahier des charges** de celui-ci.

L'accord du maire exprimé dans un courrier manuscrit ne peut pas remplacer une déclaration préalable. Un propriétaire a ainsi été condamné à détruire la clôture qu'il avait édifié sans faire de déclaration préalable et sans respecter les prescriptions du plan d'occupation des sols (POS), alors que le maire lui avait donné son accord manuscrit dans un courrier *(Cass. Crim. du 5.12.17, n°17-80410).*

L'administration peut s'opposer au projet de clôture

La déclaration préalable doit être faite auprès du maire avant le début des travaux, sur un imprimé intitulé « Déclaration préalable à la réalisation de constructions et travaux non soumis à permis de construire portant sur une maison individuelle et/ou ses annexes » (formulaire Cerfa n° 13703, disponible en mairie ou téléchargeable sur www.service-public.fr). Plusieurs documents doivent être joints au dossier : un plan de situation du terrain, un plan sommaire des lieux comportant l'emplacement de la clôture et un croquis de la clôture faisant apparaître sa dimension et les matériaux utilisés. La mairie a un mois pour donner sa réponse, à compter de l'envoi du dossier complet en recommandé avec avis de réception. Ce délai peut cependant être porté à deux mois si le projet nécessite qu'une autre instance soit consultée (si vous résidez dans le périmètre d'un espace protégé, par exemple). Le défaut de réponse dans ce délai vaut autorisation, et vous devrez édifier votre clôture dans les deux ans suivants. L'administration peut aussi vous imposer des prescriptions particulières ou tout simplement vous notifier son opposition. Dans ce dernier cas, elle doit motiver sa décision.

PROPRIÉTÉ PRIVÉE ET DOMAINE PUBLIC

Les limites du terrain par rapport à la voie publique

Lorsqu'une propriété est longée par une voie publique, quelle qu'elle soit (route communale, départementale, nationale), elle est amenée à subir certaines sujétions : l'implantation des constructions n'est pas libre (voir p. 32), mais doit respecter l'alignement de la voie publique.

Le plan d'alignement

Le plan d'alignement détermine après enquête publique la limite entre la voie publique et les propriétés riveraines *(art. L 112-1 du Code de la voirie routière)*. Il peut concerner la voie sur toute sa longueur ou seulement une partie. Il demeure valable, quel que soit le délai écoulé depuis son établissement, tant qu'un nouveau plan n'est pas venu le remplacer.

Il délimite une voie existante

Le plan d'alignement permet à l'administration de modifier les limites du réseau routier existant, en les rétrécissant ou en les élargissant, sans avoir recours à la procédure d'expropriation. En revanche, il n'est pas envisageable pour acquérir des terrains en vue de créer une voie nouvelle. À ce titre, la jurisprudence limite son utilisation à des élar-

La cession gratuite de terrain

Auparavant, lorsqu'un riverain demandait une autorisation de construire (ou un permis de lotir), l'autorité qui la délivre pouvait lui imposer la cession gratuite d'une portion de terrain non bâti nécessaire à l'élargissement de la voie publique existante ou à la création d'une nouvelle voie.

Cette disposition a été déclarée contraire à la constitution par le Conseil constitutionnel au terme d'une question prioritaire de constitutionnalité *(QPC n° 201033 du 22.09.10)*. Depuis le 23 septembre 2010, les collectivités locales ne peuvent donc plus recourir à ce mécanisme.

gissements ou des redressements de faible importance et à condition que l'emprise sur la propriété privée ne bouleverse pas celle-ci. Il n'est obligatoire que pour l'établissement des voies communales ; dans ce cas, le projet émane du conseil municipal. Le plan est déterminé après enquête publique. Les riverains concernés sont avertis par lettre recommandée. Ils ont donc intérêt à se rendre en mairie pour rencontrer le commissaire enquêteur et lui faire part de leurs observations. Pour le réseau départemental, l'enquête publique est mise en place par le conseil général du département et, pour le réseau national, l'enquête est diligentée par le préfet.

Les effets du plan d'alignement

Le plan d'alignement ne s'impose que s'il a fait l'objet d'une publicité foncière. Lorsque la commune souhaite élargir la route, ses effets varient selon que la propriété privée est bâtie (ou clôturée) ou non. Si la propriété privée n'est ni bâtie ni clôturée, la collectivité publique auteur du plan est automatiquement et immédiatement propriétaire des terrains inclus dans le plan d'alignement. Le propriétaire doit alors recevoir une indemnité fixée à l'amiable ou par le tribunal de grande instance. Si la propriété est bâtie ou clôturée, et que la voie doit être élargie rapidement, la commune a la possibilité d'exproprier immédiatement la bande de terrain concernée.
L'indemnité sera calculée sur la base de la valeur du terrain bâti. Si la commune peut attendre, la construction reste en place mais ne peut pas faire l'objet de travaux destinés à maintenir sa solidité. Quand elle tombera en ruine, la bande du terrain devenu non bâti passera dans le domaine public. L'indemnité sera calculée sur la base de la valeur du terrain non bâti. Le Conseil constitutionnel a estimé la procédure d'alignement conforme à la Constitution sous réserve d'une juste indemnisation des propriétaires *(Conseil constitutionnel, QPC n° 2011-201 du 02.12.2011).*

Demander un arrêté d'alignement

Si vous désirez connaître les limites exactes de votre propriété par rapport à la voie publique, vous pouvez demander un arrêté d'alignement. Suivant le propriétaire de la voie, c'est le préfet, le président du conseil général ou le maire, qui délivre cet acte. Il est purement déclaratif (il constate une situation mais ne crée pas de droit pour celui qui l'obtient) : il ne fait que déterminer les limites exactes de votre propriété par rapport à la voie publique. S'il existe un plan d'alignement, l'arrêté en reprend les dispositions. En l'absence de plan, il reprend les limites réelles de la voie publique. Toutes les fois que des travaux jouxtant la voie publique sont envisagés (pose d'une clôture, ouverture de porte…) il est donc judicieux de demander cet arrêté. La demande se fait sur papier libre et les frais liés à l'établissement de l'arrêté d'alignement, (par exemple l'intervention d'un géomètre-expert), sont à la charge de l'autorité administrative gestionnaire de la voierie *(art. L. 2321-2, 18° du Code général des collectivités territoriales et Rep. Min. n° 17152, JOAN Q du 6.10.15).*

Constructions : les distances à respecter

Diverses contraintes peuvent peser sur les propriétés proches du domaine public. Il s'agit, le plus souvent, de servitudes restreignant la liberté de construire en limite immédiate du domaine public de l'alignement opposé et non par rapport à la voie elle-même *(art. R. 111-16 du Code de l'urbanisme,* voir schéma ci-contre). Le plan local d'urbanisme *(art. 6 du Règlement de zone)* peut prévoir une obligation de reculement par rapport à l'alignement. Dans ce cas, cette règle prime sur celle de l'alignement.

Si une isolation thermique extérieure du logement est prévue et que ce projet nécessite d'empiéter sur la voie publique, il faut nécessairement demander au maire une autorisation d'occupation du domaine public, afin de s'assurer que le projet ne compromet pas la sécurité et la circulabilité de la rue *(Rep. Min n° 97485, JOAN du 13.12.16).*

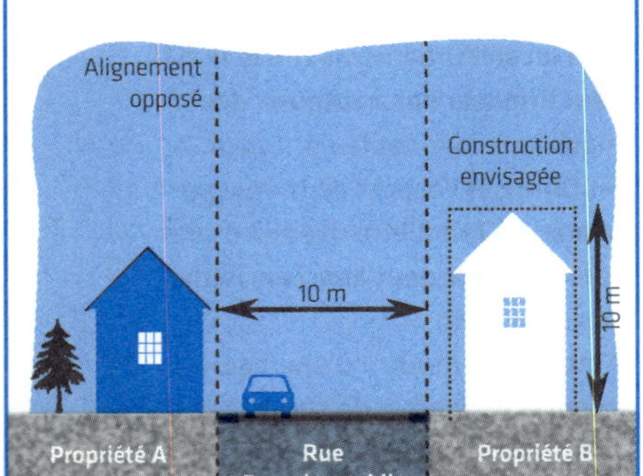

Il doit y avoir, entre la construction et le point le plus proche de l'alignement opposé, une distance égale à la hauteur de la construction.

Les distances par rapport au domaine public

En dehors de la voie publique, d'autres parties du domaine public font supporter des servitudes à leurs riverains. Le Code de l'urbanisme prévoit ainsi un recul de 100 mètres au moins pour les nouvelles constructions édifiées en bordure du littoral *(art. L 121-16*, voir le chapitre 8). Là encore, les règlements locaux peuvent prévoir un reculement plus important. De même, si vous habitez à proximité d'un cours d'eau, le plan local d'urbanisme approuvé par votre commune, ou d'autres documents comme le plan pour la prévention des risques majeurs (établi par le préfet), peuvent délimiter des zones inondables et, donc, prévoir une obligation de reculement par rapport au lit de la rivière.

> + Renseignez-vous auprès **des services de l'urbanisme de votre mairie** ou de la Direction départementale de l'équipement (DDE), avant de mener à bien un projet de construction.

Clôturer le long de la voie publique

L'édification d'une clôture le long de la voie publique est autorisée, mais peut se heurter à quelques obstacles inhérents à la présence de cette voie. Tout d'abord, il est judicieux de consulter le plan d'alignement pour délimiter précisément le domaine public de votre propriété privée (voir p. 30). Si vous êtes riverain d'un chemin rural, aucune clôture ne peut s'effectuer sans demande préalable d'un certificat municipal constatant la délimitation de la voie *(art. D. 161-12 du Code rural)*. Par ailleurs, les autorisations d'urbanisme sont les mêmes que pour l'édification d'une clôture entre deux propriétés privées (voir p. 27). Ainsi, le plan local d'urbanisme (ou le POS) peut imposer des hauteurs, des matériaux, des couleurs... pour uniformiser l'aspect de la voie publique. Le fait d'être riverain d'une voie publique peut aussi entraîner des obligations.
Ainsi, la servitude « d'ancrage » impose au riverain de supporter des dispositifs de signalisation ou d'éclairage public sur son immeuble ainsi que les plaques désignant les rues.

Les servitudes administratives

La loi peut imposer des servitudes administratives qui revêtent une grande importance dans la vie quotidienne. Elles constituent, en général, des limitations administratives au droit de propriété.

Elles poursuivent un but d'utilité publique

Ces servitudes sont érigées dans l'intérêt général. La plupart des servitudes administratives sont des restrictions au droit de propriété. Le riverain d'une voie publique doit se conformer au plan d'alignement (voir p. 30). Si vous habitez à proximité d'un monument historique ou d'un site classé, vous devez respecter des contraintes architecturales en vue de la protection du patrimoine : certains matériaux sont proscrits, le projet doit être soumis à l'avis de l'architecte des Bâtiments de France… D'autres servitudes sont générées par la construction d'ouvrages publics (surplomb d'une ligne électrique, proximité d'un cimetière, d'une autoroute…) ou par la présence du domaine public (proximité du littoral…, voir le chapitre 8). Vous devez, par exemple supporter l'implantation d'un poteau électrique sur votre propriété, mais également le passage lié à son entretien. Enfin, dans certains cas, vous pouvez être tenu de réaliser, sur injonction des autorités locales (maire, préfet…) des aménagements ou travaux que vous n'aviez pas prévus (élaguer vos arbres situés en bordure de la route pour ne pas gêner la visibilité, par exemple).

Elles peuvent être indemnisées

Les textes qui créent les servitudes administratives définissent leur mode d'indemnisation, le délai durant lequel on peut la demander et le tribunal compétent en cas de conflit. Si les textes sont muets sur ce point, vous disposez de 4 ans à compter de la création de la servitude pour demander un dédommagement. S'ils ne désignent pas de tribunal en particulier, les conflits relèvent de la compétence du tribunal administratif.

LA MITOYENNETÉ

Les murs mitoyens

La mitoyenneté est un droit de propriété dont deux personnes jouissent en commun. Plus précisément, c'est une forme particulière de copropriété créée entre voisins de terrains privés accolés, et qui s'exerce sur les clôtures édifiées en limite séparative. Cette propriété commune est la source de nombreux conflits, car elle s'accorde mal avec le caractère absolu et exclusif que tout un chacun attache à sa propriété. Un contentieux d'autant plus nourri qu'en l'absence de preuve établissant le caractère privatif d'une clôture, la loi présume mitoyennes toutes celles qui servent de séparation entre bâtiments, cours et jardins. Il est donc important que chaque copropriétaire connaisse ses droits et ses devoirs en la matière, en ayant à l'esprit que le régime de la mitoyenneté diffère quelque peu selon qu'il concerne un mur ou une clôture d'un autre type (haie, fossé…).

La présomption de mitoyenneté

En ville comme à la campagne, tout mur servant de séparation entre deux fonds est présumé mitoyen, à défaut de preuve contraire *(art. 653 du Code civil)*. L'application de cette présomption diffère toutefois selon que le mur sépare des jardins, des bâtiments, des cours… Ainsi, est présumé mitoyen tout mur séparant deux jardins, deux cours, une cour et un jardin, ou deux enclos dans les champs. En revanche, le mur qui sépare une cour ou un jardin d'un bois ou d'un champ est présumé appartenir exclusivement au propriétaire de la cour ou du jardin. En outre, la présomption de mitoyenneté ne joue que si les deux terrains sont entièrement clos. À défaut, le mur est présumé appartenir privativement au propriétaire de l'enclos. De même, la présomption ne joue pas non plus pour le mur pignon d'un bâtiment séparant celui-ci du jardin ou de la cour de la propriété voisine. Ce mur est, en effet, censé appartenir au seul propriétaire de la construction. Retenez aussi que le mur commun à deux bâtiments accolés construits en limite de propriété est présumé entièrement mitoyen uniquement si

> **+** La présomption de mitoyenneté posée par le Code civil à propos des murs de clôture **concerne aussi les autres types de clôture**, sans distinction *(art. 666 du Code civil)*.

les bâtiments sont de mêmes hauteur et largeur. Dans le cas contraire, la mitoyenneté ne concerne que la hauteur et la largeur du bâtiment le plus petit. Elle ne porte donc que sur la surface de mur commune aux deux bâtiments (voir p. 39).
La présomption de mitoyenneté est susceptible de s'appliquer à une palissade, un grillage, une haie vive ou sèche (faite de branches sèches ou de bois mort), un fossé, un talus... dès lors que cette clôture sépare deux terrains contigus de propriétaires différents. Il en va de même pour les arbres qui se trouvent dans une haie mitoyenne et ceux plantés sur la ligne séparative de deux propriétés *(art. 670 du Code civil)*.

Revendiquer la propriété privative d'un mur

Dans certains cas, il n'existe aucun doute sur le caractère mitoyen d'un mur de clôture. Par exemple, lorsqu'un titre de propriété le mentionne expressément comme tel. De même, un mur édifié à

À qui appartiennent les murs de soutènement ?

Lorsqu'un mur sépare deux terrains de niveaux différents, des conflits peuvent naître entre voisins si leurs titres de propriété ne permettent pas d'établir son caractère privatif ou mitoyen. Car, dans ce cas, la présomption légale de mitoyenneté ne s'applique pas. Les tribunaux ont posé le principe suivant : le mur est censé appartenir au propriétaire qui en profite. Ainsi, si le mur sert uniquement à soutenir les terres du fonds le plus haut, sans empêcher la vue du terrain en contrebas, il est présumé appartenir au propriétaire du fonds supérieur, car son rôle est de supporter la poussée des terres *(Cass. Civ. 3e du 15.9.15, n° 12-25911)*. Peu importe que le voisin ait rajouté des strates qui n'ont fait que conforter le mur *(Cass. civ. 3e du 23.03.10, n° 09-65670)*. Si le mur joue aussi un rôle de clôture en masquant la vue de la propriété du bas depuis la propriété la plus élevée (le sommet du mur dépasse alors largement le niveau du terrain supérieur), il est présumé mitoyen, car il bénéficie alors aux deux voisins.

cheval sur la limite séparative de deux propriétés, d'un commun accord entre les propriétaires concernés, est nécessairement mitoyen. Est également mitoyen le mur qu'un propriétaire impose à son voisin en application de la réglementation sur la clôture « forcée » (voir le chapitre 1). La présomption de mitoyenneté ne s'applique donc que si l'on n'est pas dans un de ces cas, pour lesquels la mitoyenneté ne fait aucun doute. Mais cette présomption peut être écartée (les juristes parlent de « présomption simple ») si l'un des propriétaires contigus parvient à prouver que le mur qui clôt son terrain est sa propriété exclusive. Conformément au droit commun, cette preuve peut être rapportée par tous moyens. En pratique, cependant, la présomption de mitoyenneté est écartée en particulier lorsqu'un titre de propriété ou des marques extérieures visibles établissent le caractère privatif du mur. Ou encore si l'un des propriétaires peut démontrer s'être comporté comme le véritable propriétaire du mur pendant une certaine durée.

Un titre de propriété établit le caractère privatif

Lorsqu'un « écrit » précise que le mur appartient exclusivement à l'un des voisins, la présomption de mitoyenneté est écartée *(art. 653 du Code civil)*. Cet écrit peut prendre la forme d'un acte notarié (vente, donation, partage…), ou d'un jugement qui a tranché la question. Il n'est pas nécessaire que le document soit commun aux deux propriétaires (actuels ou antérieurs), la mitoyenneté étant un droit attaché à la propriété et non aux personnes. Mais s'il n'a été signé que par l'un des propriétaires, il ne constitue qu'une présomption, dont le tribunal appréciera souverainement la portée, en cas de litige. En revanche, si l'acte qualifiant le mur de privatif est signé par le propriétaire de chacun des terrains, il constitue une preuve absolue excluant toute présomption de mitoyenneté. Il peut en être ainsi, par exemple, si un père a consenti à ses deux enfants une donation-partage portant sur deux maisons accolées : l'acte peut, dans ce cas, indiquer que le mur séparant les deux maisons est la propriété exclusive de l'une d'elle, en la désignant.

Les marques de non-mitoyenneté

La loi énumère un certain nombre de signes extérieurs, visibles sur un mur, qui établissent que ce dernier est présumé privatif et non

Comment savoir si un mur est présumé mitoyen ?

Quand aucun titre (acte de vente, donation...) n'indique la nature, mitoyenne ou privative, d'un mur, il est possible de la déterminer à partir d'indices matériels. La loi en donne une liste non limitative *(art.654 du code civil).*

Le mur est présumé mitoyen

Le mur sépare des cours, jardins, enclos. Le mur qui sépare soit deux jardins, soit deux cours, soit une cour et un jardin, soit deux enclos dans les champs est présumé mitoyen.

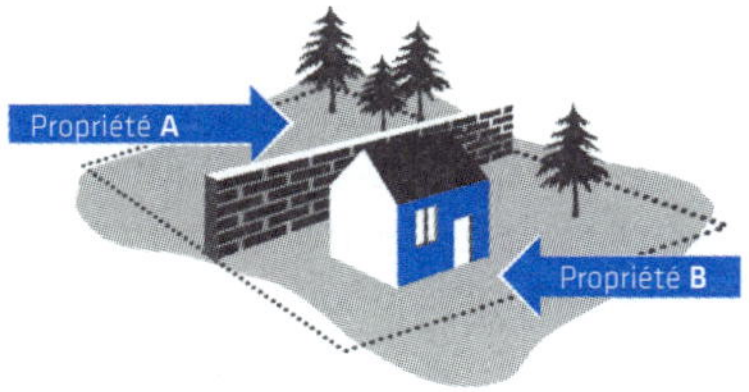

Le mur a un sommet à deux pentes. Si le mur a un sommet à deux pentes, il est présumé mitoyen. à l'inverse, s'il n'a qu'une pente, le mur est censé appartenir au propriétaire du terrain vers lequel la pente est inclinée.

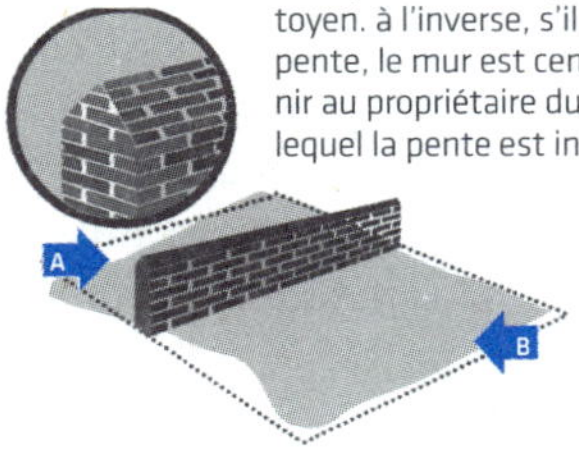

Le mur sépare deux bâtiments de même hauteur. Lorsque deux constructions sont de même hauteur, le mur qui les sépare est mitoyen dans toute sa hauteur. Si les bâtiments sont de hauteurs différentes, il est présumé mitoyen jusqu'à « l'héberge », c'est-à-dire le niveau où s'arrête le mur le plus bas (dans sa partie supérieure, il est privatif au bâtiment le plus élevé).

Le mur est présumé privatif

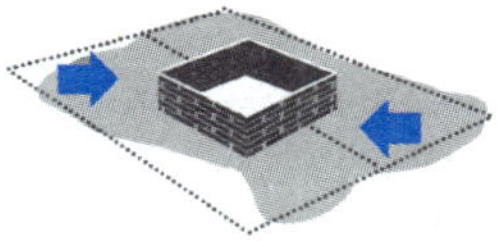

Un terrain est entièrement clos au milieu d'autres. Le mur qui ceint entièrement un terrain situé au milieu d'autres qui ne sont pas clos est présumé appartenir exclusivement au propriétaire de l'enclos.

Le mur d'un bâtiment est sur la limite de propriété. Le mur d'un bâtiment séparant celui-ci du jardin ou de la cour du voisin est présumé appartenir exclusivement au propriétaire du bâtiment (A dans le schéma).

Le mur porte des marques qui présument de son caractère privatif. Dans ces 3 exemples, le mur est présumé appartenir à B. S'il présente sur un seul côté un chaperon, un filet, ou un corbeau, il est censé appartenir au propriétaire du coté duquel se trouvent ces signes.

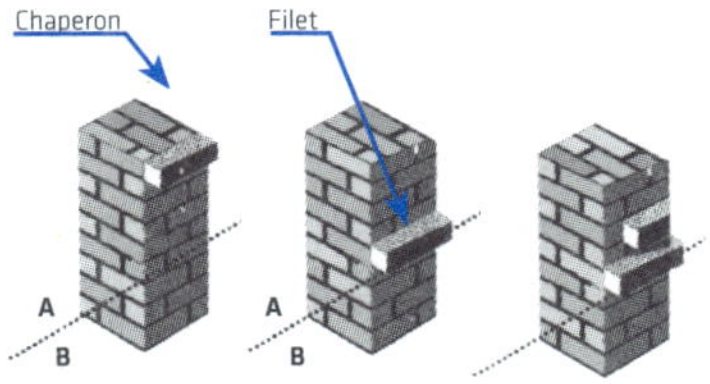

Un **chaperon** est un aménagement (tuile, ardoise, ciment) placé au sommet du mur qui empêche la pluie de ruisseler le long du mur. Un filet est une saillie placée plus bas et qui évite aussi ce ruissellement. Un **corbeau** est une pierre placée dans le mur et destinée à recevoir une poutre.

pas mitoyen *(art. 654 du Code civil).* Ainsi, lorsque le sommet du mur ne présente qu'une pente, le mur est censé appartenir alors au propriétaire du terrain vers lequel la pente est inclinée. À l'inverse, si le mur dispose d'un sommet à deux pentes, il est présumé mitoyen. Le mur est également présumé privatif lorsqu'il présente d'un seul côté un chaperon (aménagement de tuiles, ardoises ou ciment, placé au sommet du mur qui empêche la pluie de ruisseler le long de ce mur), un filet (corniche ou saillie placée plus bas et qui évite aussi le ruissellement), ou encore des corbeaux de pierre (éléments situés sur l'aplomb du mur et destinés à supporter une corniche ou un linteau). Dans ces trois cas, le mur est présumé appartenir exclusivement au propriétaire du côté duquel se trouvent les signes. Cette liste n'étant pas limitative, les

+ Pour apprécier les indices et marques de non mitoyenneté, **le juge recherche quelle était la situation des lieux** à l'époque de l'édification du mur *(Cass. Civ. 3e du 19.11.15, n° 14-25.528).*

Qu'est-ce qu'un mur ?

Les règles relatives à la mitoyenneté sont différentes selon que l'on est en présence d'un mur de clôture ou d'un autre type de clôture. Il convient donc de déterminer précisément ce qu'est un mur. La loi n'en donne pas de définition. En pratique, la qualification de mur est reconnue à un ouvrage de maçonnerie, d'épaisseur variable, formé de matériaux superposés et liés avec du mortier de chaux, de plâtre ou de ciment. On peut aussi se référer à la définition du ministre de l'Équipement : « Pour être reconnu juridiquement comme tel, le mur doit être composé de matériaux durables et (...) adhérant au sol. Il convient toutefois de tenir compte des usages locaux. » En effet, un mur de pierres sèches (pierres superposées sans ciment) doit être considéré comme un mur si les usages locaux le considèrent comme tel. En revanche, ne constitue pas un mur une clôture en planches, une palissade ou une simple cloison. Mais une clôture en parpaings est un mur, de même qu'une séparation en béton armé.

juges peuvent tenir compte d'autres marques ou signes manifestes. Ils peuvent établir le caractère privatif d'un mur – une ouverture dans le mur datant de sa construction, par exemple *(Cass. civ. 1re du 1.3.61, n° 59-11137)* – ou démontrer son caractère mitoyen – notamment le fait que la charpente de deux bâtiments voisins prenne appui sur un pilier situé dans le prolongement du mur de séparation entre les deux propriétés *(Cass. civ. 3e du 1.3.00, n° 98-13644)*.

Invoquer la prescription trentenaire

Il est également possible de revendiquer la propriété privative d'un mur à l'origine mitoyen, en invoquant la prescription trentenaire *(art. 666 du code Civil)*. Vous devez alors établir que vous vous êtes comporté comme le seul propriétaire du mur au cours des 30 dernières années, autrement dit que la possession que vous avez exercée sur toute cette période a été « continue et non interrompue, paisible, publique, non équivoque et à titre de propriétaire » *(art. 2258 et 2272 du Code civil)*. Tel est le cas si vous avez entretenu, réparé, voire reconstruit le mur pendant les 30 dernières années sans que votre voisin réagisse. Mais si ce dernier conteste votre point de vue, dans le but de conserver au mur son caractère mitoyen, vous devrez rapporter au juge des preuves tangibles de cet usage trentenaire exclusif : par exemple, des factures d'achat de matériaux ou des traces de règlement des entreprises ayant procédé à sa réparation, des photos anciennes qui peuvent être datées, une expertise faite par un homme de l'art, des témoignages de voisins… Notez que la prescription invoquée pour contester la présomption de mitoyenneté du mur peut, en sens contraire, être utilisée pour revendiquer la mitoyenneté d'un mur initialement privatif.

Les conflits de preuve sur la mitoyenneté

Il peut y avoir conflit entre titre, marques et prescription. En cas de conflit entre un titre de propriété, qui stipule que le mur de clôture est privatif par exemple, et des marques visibles qui attestent du contraire (le sommet du mur a deux pentes, par exemple), c'est le titre qui l'emporte. En fait, dès lors qu'un titre est en conflit avec des marques, que ces dernières soient dans le sens de la mitoyenneté ou du caractère privatif d'un mur, c'est le titre qui l'emporte, sauf prescription trentenaire, qui l'emporte alors sur un titre plus ancien.

En revanche, s'il y a conflit entre des marques contraires (les unes indiquant la mitoyenneté, les autres la non-mitoyenneté), il n'y a pas supériorité d'une marque par rapport à l'autre. C'est alors au tribunal, saisi du litige, de décider au cas par cas.

Acquérir la mitoyenneté d'un mur privatif

Si votre voisin a construit un mur privatif (c'est-à-dire qu'il l'a érigé sur son propre terrain et à ses frais), la loi vous autorise à en acquérir la mitoyenneté *(art. 661 du Code civil)*. Vous devez alors rembourser à votre voisin la moitié de la dépense de construction et la moitié de la valeur du sol sur lequel le mur est bâti. Ce droit est imprescriptible : cela signifie que vous pouvez l'exercer même si le mur a été construit il y a plus de 30 ans. En outre, il s'agit d'un droit absolu, auquel votre voisin ne peut pas s'opposer. Le Conseil constitutionnel a d'ailleurs confirmé dans une décision récente que la cession forcée de la mitoyenneté n'était pas contraire à la Constitution *(QPC du 12.11.10, n° 2010-60)*. En revanche, votre voisin ne peut pas vous imposer la mitoyenneté du mur de clôture privatif qu'il a construit seul. Il ne peut donc vous imposer de prendre en charge une partie de son coût de construction et du sol.

> **+** L'acquisition peut être limitée à une partie du mur, dans le sens de la longueur ou de la hauteur, mais elle doit **toujours porter sur la totalité de son épaisseur.**

Si votre voisin a fait construire, sans votre accord, un mur à cheval sur la limite séparative de vos terrains, il y a empiètement sur votre propriété. Vous pourrez dans ce cas demander soit la démolition du mur ou son rabotage *(Cass. Civ. 3e du 10.11.16, n° 15-25113)*, soit acquérir sa mitoyenneté mais uniquement à l'amiable (contre paiement de la moitié du coût de la construction). En effet, si vous engagez un recours devant le tribunal, le mur sera démoli car les juges refusent d'appliquer les règles sur la mitoyenneté en cas d'empiètement *(Cass. civ. 3e du 19.02.14, n° 13-12107)*.

Les conditions à réunir

Vous pouvez acheter la mitoyenneté du mur du voisin s'il a été édifié en limite de propriété. Toutefois, vous ne le pouvez pas si votre voisin a pris soin de le construire en retrait de quelques centimètres par rapport à cette limite. Par ailleurs, seuls les murs construits en « dur » (voir p. 40) sont concernés, à l'exclusion de tout autre type de clôture. Peu importe, en revanche, qu'il s'agisse d'un mur séparatif de deux terrains (mur de clôture), du mur-pignon de la maison voisine, ou de toute autre construction.

Conclure une convention avec le voisin

La loi ne détaillant pas la marche à suivre, nous vous conseillons d'abord de faire part à votre voisin de votre intention d'acheter la mitoyenneté de son mur, de vive voix ou par courrier (voir modèle de lettre p. 195). S'il ne s'y oppose pas, vous constaterez l'accord intervenu dans un acte notarié qui sera publié au Service de publicité foncière (ex Conservation des hypothèques). Ainsi, la cession de mitoyenneté sera opposable à tous les propriétaires successifs de l'un ou l'autre terrain. Cette solution amiable n'est toutefois envisageable que si vous vous entendez tant sur le principe que sur les conditions financières de l'opération. En pratique, le recours à une expertise est généralement nécessaire pour fixer le prix de la cession.

> **+** Il faur **tenir compte des frais liés à la cession** : honoraires de l'expert, du notaire, frais d'acte, de publication, et droits de mutation dus au fisc. Normalement, ces frais sont à votre charge en tant qu'acquéreur.

Le recours au tribunal en cas de désaccord

Si vos démarches amiables n'aboutissent pas, vous pourrez assigner votre voisin devant le tribunal de grande instance. La cession de mitoyenneté étant prévue par la loi, le tribunal ne pourra que l'imposer, quitte à nommer un expert pour en évaluer le prix (la procédure rapide du référé étant utilisable pour la désignation de l'expert). Le jugement, qui constituera votre titre de propriété mitoyenne, sera ensuite publié au Service de publicité foncière afin qu'il s'impose à tous. Les frais de la procédure devront a priori être supportés par vousmême (acquéreur de la mitoyenneté). Toutefois, le tribunal pourra décider d'en mettre la totalité ou une partie à la charge du vendeur, puisque son refus aura été à l'origine du procès.

Les droits liés à la mitoyenneté

Chaque propriétaire d'un mur mitoyen dispose de prérogatives assez étendues sur ce dernier, sous la réserve générale de ne pas nuire à son voisin en compromettant la solidité du mur. Il lui est possible, tout d'abord, d'adosser une construction au mur mitoyen, avec l'accord préalable du voisin ou après une autorisation de justice. Il est aussi autorisé à surélever le mur mitoyen.

Construire contre le mur mitoyen

Vous pouvez, par exemple, y appuyer une construction ou un « ouvrage », telle une serre, ou encore y placer des poutres et des solives *(art. 657 du Code civil).* Dans ce dernier cas, vous devez toutefois laisser dans l'épaisseur du mur un espace d'au moins 5,4 cm du côté du voisin. En outre, si celui-ci veut, par la suite, enfoncer au même endroit des poutres et des solives, il pourra vous contraindre à réduire l'enfoncement de votre poutre ou solive à la demi-épaisseur du mur. Même si le voisin n'a pas cette intention, et ne subit aucune gêne, il peut obtenir du juge une réduction de la partie de solive qui dépasse du mur et déborde ainsi à l'intérieur de son propre bâtiment *(Cass. civ. 3e du 14.09.10, n°09-16645).*
En revanche, ni vous ni votre voisin ne pouvez pratiquer d'ouverture dans le mur mitoyen (fenêtre, porte, jour de souffrance), sauf d'un commun accord *(art. 675 du Code civil).* Et ceci même si l'ouverture constituée de châssis basculants garantit une discrétion suffisante *(Cass. Civ. 3e du 25.3.15, n° 13-28137).*

Vous devez obtenir l'accord de votre voisin

Le mur mitoyen appartenant en copropriété aux deux voisins, toute construction envisagée par l'un doit être soumise à l'accord de l'autre. Avant de commencer les travaux, vous devez donc soumettre un projet précis à votre voisin, comprenant le plan de l'ouvrage et l'avis du maçon ou de l'architecte sur la faisabilité du projet. Dans la mesure du possible et pour éviter tout litige ultérieur, il est conseillé de lui faire signer le plan. De même, l'accord de votre voisin est indispensable chaque fois que vous projetez d'effectuer des travaux d'une certaine importance menaçant la solidité du mur : la démolition d'une construction édifiée contre le mur ou le creusement du sol, par exemple. Attention, ces précautions élémentaires ne doivent pas vous faire oublier vos autres obligations : la construction d'un bâtiment peut être soumise à des restrictions particulières d'urbanisme ; elle doit être précédée d'autorisations administratives (une déclaration préalable ou un permis de construire, selon le cas). Sur tous ces points, renseignez-vous auprès de votre mairie avant d'engager les travaux.

Le tribunal peut autoriser les travaux. Si votre voisin s'oppose aux travaux envisagés, vous pouvez vous adresser au président du tribunal de grande instance pour demander la désignation d'un expert en référé (un avocat n'est pas obligatoire). Celui-ci établira alors dans quelles conditions les travaux devront être exécutés pour ne pas menacer la solidité du mur *(art. 662 du Code civil).* Cependant, les conclusions de l'expert constitueront de simples suggestions, sans force contraignante. Votre voisin pourra donc refuser l'exécution des travaux ou solliciter une contre-expertise. Si le désaccord persiste, vous devrez obtenir du tribunal de grande instance un jugement en bonne et due forme vous autorisant à exécuter les travaux. Vous devrez alors assigner votre voisin devant le tribunal pour que le litige soit tranché (l'avocat est obligatoire).

Peut-on appuyer des plantations contre un mur mitoyen ?

Chaque propriétaire d'un mur mitoyen peut, sans l'accord du voisin, planter des arbres, des arbustes ou d'autres végétaux (rosier grimpant, clématite, vigne...) en espalier (contre le mur). Aucune distance minimale par rapport au mur n'est exigée, mais les plantations ne doivent pas, dans ce cas, dépasser la crête du mur *(art. 671 du Code civil)*. Bien entendu, elles ne doivent pas non plus endommager le mur, faute de quoi une action en responsabilité pourrait être engagée par celui qui subirait un préjudice. Aux plantations proprement dites sont assimilés les aménagements légers destinés à les retenir (treillages, palissades, fils de fer). Ces aménagements peuvent aussi être installés sur le mur mitoyen par chacun des voisins sans l'accord de l'autre.

Si vous effectuez des travaux contre le mur mitoyen sans aucun accord, (ni de votre voisin ni aucune autorisation judiciaire), celui-ci a la possibilité d'exercer deux types d'actions. Tout d'abord, il pourra vous poursuivre devant le tribunal d'instance (il n'est pas obligatoire d'être assisté d'un avocat). Si les travaux ont déjà commencé, l'action s'appelle la « complainte » ; s'ils sont sur le point de démarrer, il s'agit alors d'une action en « dénonciation de nouvel œuvre ». Le tribunal d'instance ordonnera la suspension des travaux, voire la démolition des ouvrages commencés. En second lieu, votre voisin pourra aussi agir contre vous en responsabilité devant le tribunal de grande instance. Votre responsabilité sera reconnue si les travaux lui causent un préjudice, c'est-à-dire s'ils nuisent à la solidité du mur mitoyen. Dans ce cas, le tribunal ordonnera soit la démolition des constructions, soit leur modification, soit encore le versement de dommages et intérêts. En revanche, si les travaux effectués sans accord ne portent pas atteinte à la solidité du mur et n'entraînent pas un trouble anormal de voisinage (voir le chapitre 10), vous ne serez pas sanctionné *(Cass. civ. 3e du 05.09.12, n° 11-21771)*. En l'espèce, les juges avaient constaté que la solidité et la pérennité du mur mitoyen n'étaient pas affectées par la surélévation et que celle-ci ne produisait d'ombre sur la pelouse du voisin que sur une surface de 12 m^2 vers 10 heures pour devenir nulle la plus grande partie de la journée. Sans trouble anormal de voisinage, il n'y avait pas lieu d'ordonner la démolition de la construction ni d'allouer des dommages-intérêts.

Surélever un mur mitoyen

Chaque propriétaire peut surélever le mur mitoyen *(art. 658 du Code civil ; Cass. Civ. 3e du 6.09.18, n° 17-19430)*. Il n'a pas à justifier sa décision ni à demander l'accord de son voisin. Vous pouvez donc décider seul de relever le mur mitoyen, à vos frais. Vous serez alors seul propriétaire de la partie surélevée, en contrepartie de quoi vous devrez en assumer seul l'entretien et les réparations. Par contre, vous ne pouvez pas imposer à votre voisin de relever le mur mitoyen à ses frais pour faciliter les travaux de couverture de votre appentis jouxtant celui-ci *(Cass. civ. 3e du 16.10.12 n° 10-16998)*.

Le relèvement peut porter sur toute l'épaisseur ou seulement sur une partie du mur. En pratique, toutefois, respecter l'axe du mur paraît prudent, à la fois pour des raisons de stabilité et pour éviter des discussions et des litiges ultérieurs. Bien entendu, si le mur existant n'est pas en mesure de supporter la surélévation, vous devrez avant tout le renforcer, voire le reconstruire, à vos frais. Si vous êtes obligé d'augmenter l'épaisseur du mur avant de surélever, l'excédent d'épaisseur devra être pris sur votre terrain *(art. 659 du Code civil)*. Toutefois, si le mur est délabré au point que son renforcement ou sa reconstruction est inévitable, indépendamment de la surélévation, les frais correspondants seront partagés entre vous et votre voisin, comme c'est la règle en la matière (voir plus bas).

> **+** Vous devrez **rembourser à votre voisin toutes les dépenses** qu'il aura éventuellement acquittées du fait des travaux (les frais de remise en état de ses plantations, par exemple).

Vous ne devez pas nuire au voisin. Le droit de relever un mur mitoyen peut être remis en cause si la surélévation, même réalisée dans les règles, constitue un trouble anormal de voisinage (voir le chapitre 10), par exemple s'il réduit excessivement l'ensoleillement sur le terrain de votre voisin. Le tribunal pourra alors ordonner la démolition de la partie surélevée. Pour limiter les risques de litige, vous avez donc intérêt à aviser votre voisin de votre projet.

Votre voisin peut acquérir la mitoyenneté de la surélévation. Si vous décidez seul de relever la hauteur du mur mitoyen, votre voisin pourra par la suite, à tout moment, acquérir la mitoyenneté de la surélévation effectuée, dans les mêmes conditions que celles prévues pour acquérir la mitoyenneté d'un mur de clôture privatif (voir p. 42). Il devra donc vous rembourser la moitié de la valeur de la surélévation, appréciée au jour de sa demande et compte tenu de l'état de celle-ci.

> **+** Le cas échéant, votre voisin doit aussi **vous rembourser la moitié du prix** du sol que vous aurez utilisé pour renforcer le mur avant de le surélever.

L'entretien et la réparation du mur mitoyen

Les obligations pesant sur les propriétaires d'un mur mitoyen sont assez simples. Avant tout, ils ne doivent rien faire qui pourrait nuire à l'autre propriétaire. Ensuite, les dépenses relatives à l'entretien du mur doivent être partagées entre les deux voisins *(art. 655 du Code civil)*. En pratique, il est fréquent que chacun prenne à sa charge le petit entretien sur son côté du mur. Mais pour les travaux plus importants, voire la reconstruction du mur, il faut l'accord préalable des deux voisins (voir modèle de lettre p. 198). À défaut, celui qui n'a pas été consulté risque de refuser de participer à la dépense. En cas de litige, le différend doit être tranché par le tribunal de grande instance. Quoi qu'il en soit, notez bien que le fait de réparer ou de reconstruire seul le mur mitoyen ne le transforme pas en mur privatif. Par ailleurs, lorsque des dégradations sont imputables à l'un des voisins, celui-ci doit supporter seul le coût des réparations *(Cass. civ. 3e du 17.7.91, n° 90-11613)*. Ainsi, un propriétaire qui avait démoli son habitation, et à cette occasion n'avait pas pris les précautions pour protéger le mur mitoyen qui s'est écroulé, a été condamné à payer seul la réfection de ce mur *(Cass. civ. 3e du 29.3.95 n° 93-11048)*.

Renoncer à la mitoyenneté d'un mur

Tout propriétaire d'un mur mitoyen peut renoncer à la mitoyenneté et être ainsi libéré de l'obligation de participer aux dépenses d'entretien et de reconstruction du mur *(art. 656 du Code civil)*. Cette renonciation est possible unilatéralement, même si la mitoyenneté a été imposée lors d'une procédure de clôture forcée (voir p. 24), mais elle ne peut intervenir lorsque le mur mitoyen soutient un bâtiment ou un terrain. Si vous renoncez à la mitoyenneté du mur, le propriétaire voisin devient seul propriétaire du mur et du sol sur lequel il est édifié. Si, par la suite, vous souhaitez récupérer la mitoyenneté du mur, il faudra l'acquérir de nouveau (voir p. 42). En pratique, vous devez informer clairement votre voisin de votre décision d'abandonner la mitoyenneté, en lui adressant une lettre recommandée avec avis de réception, rappelant la règle posée par l'article 656 du Code civil. Pour être certain que cette renonciation sera opposable à tous, il faut la faire constater par un notaire. Ce dernier établira un acte qui sera publié au Service de la publicité foncière.

Les clôtures et fossés mitoyens

Tous les autres types de clôtures : palissade, grillage, haie vive ou sèche (faite de branches sèches ou de bois mort), fossé, talus… peuvent être mitoyens dès lors que la clôture sépare des terrains contigus appartenant à des propriétaires différents. Il en va de même pour les arbres plantés dans une haie mitoyenne ou encore sur la limite séparative entre les deux propriétés *(art. 670 du Code civil)*.

La présomption de mitoyenneté

Comme pour les murs, la présomption légale de mitoyenneté applicable aux autres clôtures (palissade, grillage, fossé, haie vive ou sèche…) ne joue qu'en l'absence de preuve contraire. Ainsi, le fait qu'une seule propriété soit clôturée écarte la présomption de mitoyenneté de la clôture. Il en est de même si un titre (actes notariés, sous seing privé, jugement…) déclare la clôture comme étant privative, car il faut alors s'en tenir à ses énonciations. Notez qu'il n'est pas possible d'imposer au voisin, propriétaire privatif de la clôture, qu'il en cède la mitoyenneté *(art. 668 du Code civil)*. En effet, l'acquisition forcée de la mitoyenneté ne concerne que les murs de clôture (voir p. 42).

Des marques visibles peuvent également plaider en faveur du caractère privatif d'une clôture. L'article 666 du Code civil n'envisage que le cas des fossés. En vertu de ce texte, s'il y a rejet des terres du fossé d'un seul côté, le fossé est présumé appartenir au propriétaire du terrain où se trouve le rejet. À défaut de précisions dans les textes à propos des autres types de clôture, c'est au tribunal d'apprécier, en cas de litige, la signification et la valeur probante des marques de non-mitoyenneté qui lui sont soumises. Les juges considèrent, par exemple, qu'un talus appartient au propriétaire du terrain supérieur dont il retient la terre.

> **+** La présomption de mitoyenneté doit être écartée si l'un des propriétaires peut **invoquer la prescription trentenaire** (voir p. 41).

Les droits et obligations des propriétaires

Les propriétaires de haies de végétaux et d'arbres ont des droits propres à la nature de leur clôture.

Les droits des propriétaires des haies mitoyennes

Le Code civil *(art. 670)* reconnaît à chaque propriétaire d'une haie mitoyenne trois types de prérogatives : le droit de profiter des fruits et produits des haies et arbres mitoyens, celui d'arracher les arbres mitoyens et celui de détruire en partie la haie.

Le droit aux fruits et aux produits. Les produits et les fruits, qu'ils tombent par terre ou soient cueillis sur les arbres, en particulier s'il s'agit d'arbres fruitiers, doivent être partagés entre les propriétaires. Par ailleurs, lorsqu'ils meurent ou sont coupés, les arbres mitoyens doivent être partagés entre les deux propriétaires. Notez que c'est toute la récolte ou la coupe qui est partagée par moitié (en nombre ou au poids). Il ne s'agit donc pas seulement d'autoriser chaque voisin à récolter ce qui se trouve de son côté.

L'arrachage des arbres mitoyens. Chaque voisin peut exiger que les arbres mitoyens soient arrachés. Ainsi, lorsqu'une haie de végétaux comporte en son sein quelques arbres isolés, l'un des deux propriétaires peut exiger de son voisin leur arrachage, mais sans pouvoir y procéder seul de sa propre initiative. Cela suppose donc une action concertée des deux propriétaires. Ce droit est reconnu même si les arbres ne sont pas plantés au milieu de la haie mais du côté du voisin. Peu importe également que les arbres aient été plantés il y a plus de 30 ans. Naturellement, l'arrachage ne doit pas concerner la haie elle-même, mais seulement les arbres isolés plantés en son sein.

La destruction de la haie mitoyenne. Enfin, chaque propriétaire d'une haie mitoyenne peut la détruire jusqu'à la limite de sa propriété. Mais il doit dans ce cas édifier à la place un mur sur cette limite *(art. 668 du Code civil)*. Le même droit de destruction existe d'ailleurs pour un fossé mitoyen qui sert uniquement de clôture, et non pour l'écoulement de l'eau. La moitié du fossé peut donc être supprimée (par remblaiement) et remplacée par un mur. Dans les deux cas (une haie ou un fossé), le mur à édifier est la propriété privative de celui qui le construit.

L'entretien des clôtures mitoyennes

Comme un mur mitoyen, une simple clôture mitoyenne doit être entretenue par les deux propriétaires. En principe, les frais liés aux interventions sur la clôture doivent être partagés à parts égales, mais les intéressés peuvent convenir d'un partage différent. Pour se libérer de cette obligation, l'un des propriétaires peut renoncer à la mitoyenneté (voir p. 48). Cette faculté de renoncer à la mitoyenneté est cependant exclue lorsqu'il s'agit d'un fossé qui sert habituellement à l'écoulement des eaux *(art. 667 du Code civil).*

> **+** Une autre obligation va de soi : celle de **ne rien faire sur la clôture mitoyenne** qui soit susceptible de nuire au voisin.

LES SERVITUDES

Qu'est-ce qu'une servitude ?

Une servitude est une contrainte pesant sur une propriété au profit d'une autre. Le terrain qui supporte la servitude est appelé « fonds servant », celui qui en bénéficie « fonds dominant ».

L'origine des servitudes

Le Code civil répertorie plusieurs modes de création d'une servitude. Nombres de servitudes sont « légales », c'est-à-dire instaurées par le Code civil, comme les distances minimales à respecter pour les plantations en limite de propriété (voir le chapitre 5) ou l'obligation de supporter le passage du voisin dont le terrain est enclavé (voir le chapitre 6). D'autres peuvent naître de la situation naturelle des lieux, d'une convention entre propriétaires ou encore de l'usage trentenaire.

Servitude née de la situation naturelle des lieux

Le meilleur exemple de servitude naissant de la situation naturelle des lieux est la servitude d'écoulement naturel des eaux de ruissellement (voir le chapitre 7) : le fonds inférieur (terrain situé en contrebas) doit supporter l'écoulement naturel des eaux provenant des fonds supérieurs (terrains situés plus haut).

Servitude créée par convention

Des propriétaires peuvent créer une servitude par convention sur ou au profit de leurs terrains *(art. 686 du Code civil)*. Il est ainsi possible à un propriétaire d'autoriser, sur son terrain, le passage de son voisin, alors que celui-ci n'est pas enclavé. La jurisprudence admet qu'un procès-verbal de bornage peut établir un titre constitutif d'une servitude de passage si celui-ci comporte l'accord des propriétaires des fonds concernés *(Cass. Civ. 3e du 14.6.18, n° 17-20095)*. Tel ne sera pas le cas d'un procès-verbal qui se contente de fixer les limites de propriété *(Cass. Civ. 3e du 12.5.16, n° 15-14984)*. Même si la création d'une servitude conventionnelle n'est soumise à aucune condition de forme, il est donc vivement recommandé qu'elle soit établie par un acte écrit *(Cass. Civ. 3e du 15.12.2016, n° 15-24832)* auquel doit être partie le propriétaire du terrain supportant la

Les différentes catégories de servitudes

Chaque servitude peut être classée, selon des caractéristiques définies par le code civil : elle est continue ou discontinue, apparente ou occulte.

Une servitude **continue** s'exerce en permanence une fois qu'elle a été établie, sans intervention humaine. Une servitude **discontinue** s'exerce épisodiquement et suppose une intervention humaine. Une servitude **apparente** suppose la présence d'un ouvrage visible, tel un chemin aménagé pour le passage, un aqueduc… Une servitude est **non apparente** (ou occulte), quand apparemment, aucun ouvrage ou aucune intervention humaine n'en révèle l'existence. Ces caractéristiques se combinent entre elles : une servitude peut être continue et apparente ; continue et non apparente ; discontinue et apparente ; discontinue et non apparente (le cas est rare en pratique).

Servitude continue et apparente

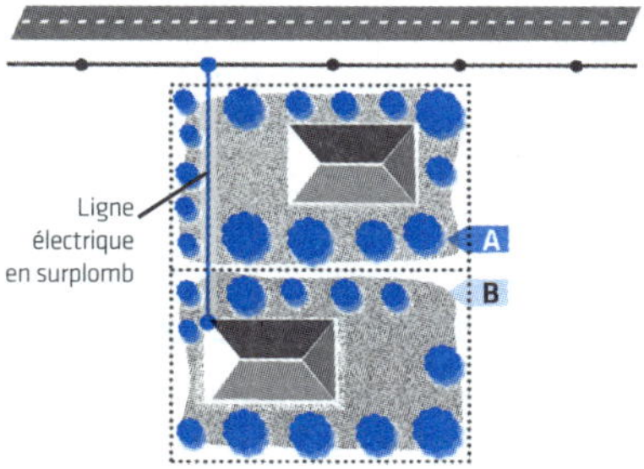

La propriété A supporte une servitude de surplomb continue (la ligne électrique la surplombe en permanence) et apparente (elle est visible).

Servitude continue et non apparente

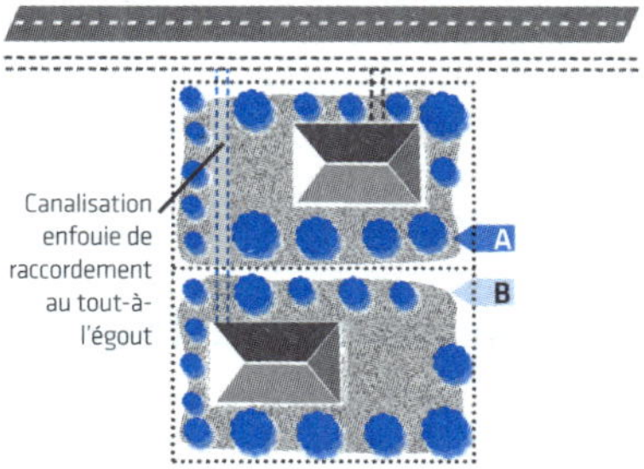

La propriété A subit une servitude continue (la canalisation de tout-à-l'égout est en permanence enfouie dans le sol) et non apparente (rien n'en révèle apparemment l'existence).

Servitude discontinue et apparente

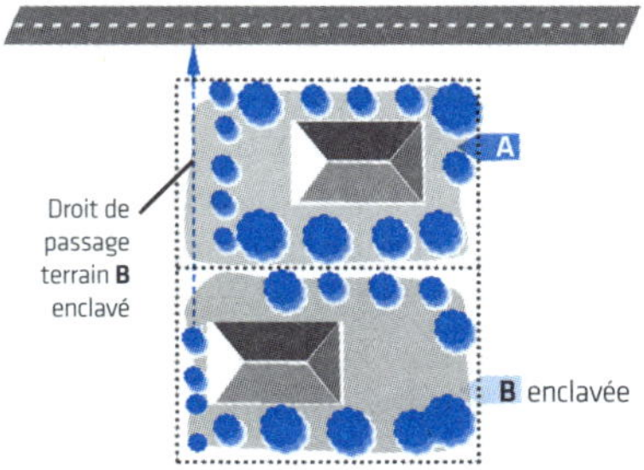

La propriété A supporte une servitude de passage discontinue (même si son voisin B emprunte le passage plusieurs fois par jour, son passage est intermittent) et apparente (le chemin aménagé pour le passage est visible).

Servitude discontinue et non apparente

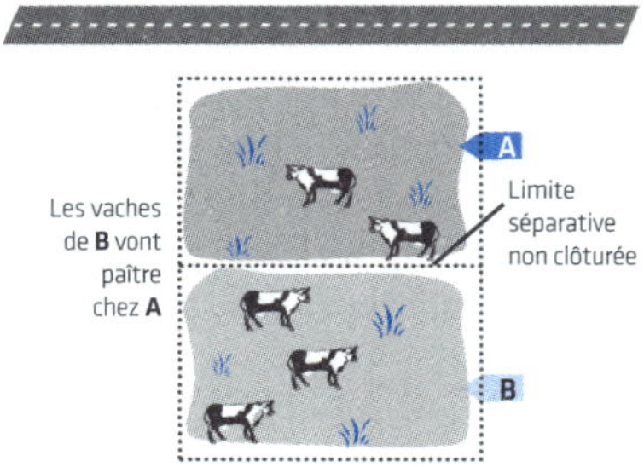

La propriété A supporte une servitude de pacage discontinue (les vaches ne paissent pas continuellement sur le terrain) et non apparente (aucun ouvrage ou intervention humaine ne permet de la révéler)

servitude *(Cass. Civ. 3e du 8.10.15, n° 14-18173)*. Cet acte écrit, de préférence notarié, doit être enregistré au fichier immobilier afin d'être opposable aux tiers.

Servitude créée par « destination du père de famille »

Ici, la servitude naît alors que le propriétaire d'un terrain envisage de le subdiviser et d'en céder une partie à un tiers *(art. 692 et 693 du Code civil)*. Si des arbres sont, par exemple, plantés au milieu d'un terrain que le propriétaire découpe en deux parties à hauteur des plantations, l'acquéreur devra supporter que les arbres ne soient pas forcément à une distance règlementaire (voir le chapitre 5).
Il existe toutefois une restriction : la servitude ne peut être établie par destination du père de famille que si elle est apparente (voir schéma p. 55) lors de la division du terrain.

Servitude créée par usage trentenaire

Avoir bénéficié de fait d'une servitude pendant trente ans au moins, permet de revendiquer définitivement le droit à celle-ci, du moins si l'on est en mesure de le prouver. Ceci n'est possible que pour les servitudes à la fois apparentes et continues *(art. 690 du Code civil)* : droit de passage d'un aqueduc, servitude de vue… Par exemple, vous construisez votre maison à la limite de la propriété voisine, et votre toit avance de 0,50 mètre au-dessus du terrain voisin. Si le propriétaire de ce terrain ne réagit pas pendant trente ans, vous avez établi au profit de votre fonds une servitude du surplomb que votre voisin doit supporter sans pouvoir la contester *(Cass. civ. 3e du 5.3.2013, n° 12-12377)*. En revanche, cette prescription trentenaire ne peut être invoquée pour un droit de passage, car il s'agit là d'une servitude discontinue quoiqu'apparente. Même si vous êtes passé pendant plus de trente ans sur le terrain voisin, vous ne pouvez valablement invoquer un droit de passage (voir le chapitre 6). De même, la prescription trentenaire ne peut pas être invoquée comme fondement pour l'acquisition d'une servitude d'écoulement des eaux usées considérée

> **+** La preuve de la servitude **peut être apportée par tous moyens** : des témoignages, des photographies, voire une analyse effectuée par un expert attestant que les matériaux ont plus de trente ans...

comme discontinue *(Cass. civ. 3e, du 15.09.10, n° 09-16823).* Lorsqu'un conflit naît entre deux propriétaires à propos d'un usage trentenaire, ce dernier doit être prouvé par celui qui l'invoque, ce qui soulève souvent quelques difficultés en pratique.

Les principes communs à toutes les servitudes

Une servitude est toujours immobilière et accessoire au droit de propriété. Il existe des principes communs à toutes les servitudes.

Les terrains appartiennent à des propriétaires différents

Il n'y a pas de servitude possible sur une propriété appartenant à une seule personne, et cela, même si cette propriété est formée de plusieurs parcelles portant des numéros de cadastre distincts. Le plus souvent, la servitude existe entre deux terrains contigus, mais vous pouvez avoir à supporter une servitude au profit d'une propriété ne jouxtant pas la vôtre, ou de plusieurs propriétés (tel un droit de passage pour une ou plusieurs propriétés enclavées).

La servitude est attachée au terrain

Qu'on la subisse ou qu'on en profite, la servitude est obligatoirement attachée au terrain, quel qu'en soit le propriétaire présent ou à venir. C'est pourquoi, avant l'achat d'une maison ou d'un terrain, il est utile de se renseigner au service de la publicité foncière pour vérifier s'il existe une servitude sur ce bien.

La servitude est, en principe, perpétuelle

Elle reste attachée au bien immobilier tant que celui-ci existe, quand bien même il aurait changé de destination (par exemple, un vignoble devenu parcelle constructible : *Cass. Civ. 3e du 17.11.2016, n° 15-12368*). Exceptionnellement, elle peut toutefois disparaître. Il en est ainsi lorsque le bien auquel elle est attachée disparaît (le terrain qui bénéficie de

> **+** Une **servitude légale subsiste** (désenclavement…), même si son bénéficiaire n'en fait plus usage depuis trente ans.

la servitude et celui qui la supporte sont réunis entre les mains d'un même propriétaire, *Cass. Civ. 3e du 8.9.2016, n° 15-20.371*) ; lorsqu'il devient impossible de l'exercer (la servitude permettant d'aller puiser de l'eau de source chez le voisin disparaît si celle-ci se tarit). De même, quand une servitude est née d'un accord entre deux propriétaires, il peut prévoir que son exercice sera limité dans le temps. Enfin, le fait de ne pas exercer une servitude pendant trente ans peut la faire disparaître *(art. 706 du Code civil)*. Ainsi, le bénéficiaire d'une servitude de passage qui use d'un passage différent de celui prévu dans la servitude pendant plus de 30 ans perd le bénéfice de celle-ci, car elle est alors considérée comme non utilisée. Pour obtenir le maintien de la servitude, la convention initiale doit être modifiée pour entériner la nouvelle assiette du passage *(Cass. civ. 3e du 19.01.11, n° 10-10528)*.

L'exercice des servitudes

Tant qu'elle est exercée ou subie, la servitude obéit aux règles suivantes : si elle est prévue par les parties dans un contrat, elle doit s'exercer dans les conditions convenues, notamment de durée si celle-ci est limitée dans le temps. Dans les autres cas, la loi fixe les modalités de son exercice *(art. 637 à 710 du Code civil).*

Le terrain bénéficiant de la servitude

Le terrain qui bénéficie de la servitude est le fonds « dominant ». Son propriétaire a tout d'abord droit à « tout ce qui est nécessaire pour utiliser la servitude » *(art. 696 du Code civil)*. Il s'agit de droits accessoires : ainsi, le droit d'utiliser le puits d'un voisin implique celui de passer sur le terrain de ce dernier. Il a aussi le droit de faire « tous les ouvrages nécessaires pour en user » *(art. 697 du Code civil)*. Le droit de passer en voiture sur le fonds voisin, par exemple, implique celui de niveler et d'empierrer le sol. En contrepartie (sauf convention contraire), les frais d'entretien correspondants sont à la charge du propriétaire du fonds dominant.

> + En cas de **litige sur l'existence d'une aggravation**, les tribunaux apprécient au cas par cas.

Quelle que soit l'origine de la servitude, celui qui en bénéficie ne peut faire aucun changement qui l'aggrave pour celui qui la doit. Ainsi, il ne peut pas en modifier l'assiette (le lieu où elle s'exerce : par exemple, le lieu du passage) sans l'accord du propriétaire du fonds servant.

Le terrain supportant la servitude

Le terrain qui supporte la charge de la servitude est appelé « fonds servant ». Son propriétaire ne doit pas entraver l'exercice de ce droit : il ne peut pas changer l'état des lieux, ni déplacer l'assiette de la servitude dans un autre endroit *(art. 701 du Code civil)*, ni demander le déplacement de la servitude sur un fonds dont il n'est pas le seul propriétaire *(Cass. Civ. 3ᵉ du 17.11.2016, n° 15-12368)*. Dans le cas d'une servitude de passage, si le propriétaire veut clore son terrain, il ne peut le faire qu'en respectant les droits du fonds dominant. Ainsi, s'il installe un portail, il doit remettre au propriétaire du fonds dominant les moyens de passer sans difficultés (clés, télécommande, etc.) *(Cass. 3e civ. du 23.6.2016, n°15-16224)*. Le propriétaire du fonds servant a la possibilité de s'affranchir de la servitude en abandonnant le terrain qui la subit au propriétaire du fonds dominant, même sans son accord *(art. 699 du Code civil)*.

L'indemnisation des servitudes

Le Code civil prévoit la possibilité d'indemniser le propriétaire du fonds servant à hauteur du préjudice subi du fait de l'instauration de cette servitude *(art. 682 du Code civil)*. Une indemnisation peut être envisagée dès lors que l'assiette ou le préjudice causé sont importants (graves nuisances sonores, passage important…). Cette indemnisation doit être consignée dans un acte. Le montant de l'indemnisation peut être difficile à chiffrer. Les tribunaux retiennent plusieurs critères. L'indemnité doit prendre en compte la réparation financière des dommages causés à la propriété traversée, comme l'arrachage d'arbres, par exemple. Ensuite, elle doit envisager le dédommagement des nuisances causées, comme le bruit ou l'occupation temporaire du terrain, pendant les travaux. Enfin, l'indemnité tient compte de l'emprise de la servitude.

GARDER SES DISTANCES

L'implantation des constructions

Si vous envisagez de construire sur votre terrain, vous devez respecter certaines distances par rapport à la propriété voisine (pour les constructions le long du domaine public, voir le chapitre 2).
Si votre propriété jouxte une autre propriété privée, rien ne vous empêche de construire en limite séparative, à conditions toutefois de respecter la réglementation concernant les vues (voir ci-contre).
Si la construction envisagée n'est pas réalisée en limite séparative, le Code de l'urbanisme définit une distance minimale à respecter *(art. R. 111-17)*. Appelée marge de reculement ou servitude de prospect, cette distance obligatoire se calcule en fonction de la hauteur de la construction envisagée. Celle-ci doit être située à une distance égale à la moitié de sa hauteur par rapport à la propriété voisine, sans jamais se trouver à moins de 3 mètres.
Attention, le respect de ces règles d'implantation ne vous mettra pas à l'abri d'un recours de la part de votre voisin, s'il estime que votre projet lui cause un trouble anormal de voisinage (voir le chapitre 10).
Sachez que les distances légales de construction peuvent varier d'une localité à l'autre, et parfois même d'une zone à l'autre à l'intérieur d'une même commune. Des marges de reculement plus importantes peuvent être fixées par le plan local d'urbanisme (PLU) ou le plan d'occupation des sols (POS), que vous pouvez consulter à la mairie. Ainsi, dans certaines communes où les parcelles constructibles sont importantes, un recul de 5 mètres au minimum peut être imposé. Si votre commune n'est pas dotée d'un PLU (ou d'un POS), c'est alors le Code de l'urbanisme qui prévaut dans la fixation des distances à respecter.

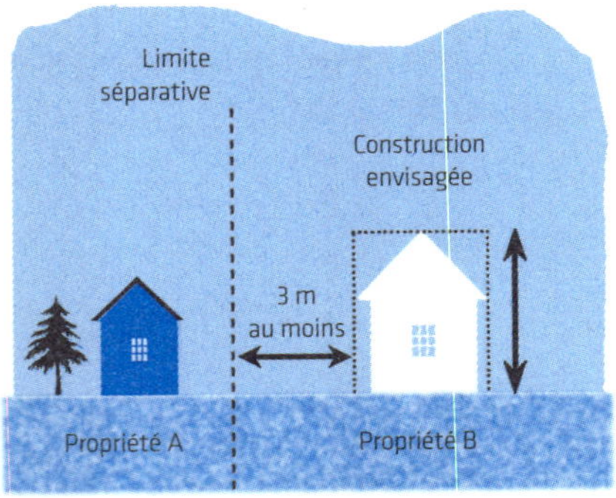

La hauteur de la construction envisagée étant de 5 m, la marge de reculement devrait être de 2,5 m. Comme elle est inférieure aux 3 m imposés, la construction devra être à 3 m minimum de la limite séparative.

Mieux vaut donc systématiquement se rendre à la mairie ou à la Direction départementale de l'équipement (DDE) afin de consulter les documents d'urbanisme.

EXEMPLE DE CALCUL DE MARGE DE RECULEMENT
Si vous voulez ériger une maison de 8 mètres de haut, sans pour autant qu'elle borde la limite de votre propriété, il vous faudra alors la construire à 4 mètres de cette limite. S'il s'agit d'un garage de 3,5 mètres de haut, vous devrez réserver une distance minimale de 3 mètres (et non pas de 1,75 mètre).

Les ouvertures dans une construction

Pour éviter les regards curieux de voisins indélicats, la loi impose de respecter une distance minimale pour créer des ouvertures dans une construction, dès lors qu'elles permettent d'avoir une « vue » sur la propriété voisine *(art. 678 et 679 du Code civil)*. Faute de s'y conformer, le contrevenant s'expose à des sanctions pouvant aller jusqu'à la suppression de l'ouverture. Moins indiscrets, les « jours de souffrance », sont des aménagements pratiqués dans la façade d'un bâtiment ou dans un mur de clôture qui ne laissent passer que la lumière, mais ni le regard ni l'air. Ils ne sont pas concernés par la réglementation relative aux distances. Ils doivent cependant être percés à une certaine hauteur par rapport au plancher de la pièce qu'ils sont destinés à éclairer *(art. 677 du Code civil)*.

Les vues sur les propriétés voisines

La vue est une ouverture non fermée ou munie de fenêtres s'ouvrant à volonté. Sont qualifiées de « vue » par le Code civil *(art. 678)*, les fenêtres, balcons et autres semblables saillies donnant sur le fonds voisin. Cette énumération n'est donc pas limitative, et les juges peuvent y inclure d'autres types d'ouvertures, en fonction de leurs caractéristiques (tels qu'un perron, par exemple). Un remblai de terre artificiellement réalisé en bordure de la limite séparative, ayant pour effet de créer une vue chez le voisin, est, par exemple, soumis à la réglementation des vues *(Cass. civ. 3e du 30.10.12, n° 10-28287)*. Ainsi, si vous envisagez d'ouvrir une fenêtre supplémentaire, d'agrémenter votre maison d'un balcon ou d'une terrasse, ou encore d'installer un escalier d'accès ou une échelle fixe extérieure, vous devez prendre quelques précautions. Le Code civil impose en effet le respect de distances minimales par rapport à la propriété qui jouxte la vôtre, pour éviter que ces transformations ne vous offrent

> **+** Les règles d'urbanisme locales **peuvent prévoir des restrictions spécifiques**, notamment en ce qui concerne la taille des fenêtres, des balcons…, ou les matériaux utilisés.

une vue plongeante sur elle, portant de ce fait atteinte à l'intimité de votre voisin. Le risque d'indiscrétion chez le voisin est aujourd'hui un critère déterminant pour les juges dans la qualification retenue *(Cass. civ. 3e du 23.5.12, n° 11-15428).*
Vous avez intérêt à vous informer auprès de votre mairie ou des services de l'urbanisme du département, avant le début des travaux, pour consulter le plan local d'urbanisme (PLU) ou le plan d'occupation des sols (POS). Si des règles plus contraignantes que celles indiquées dans le Code civil y figurent, vous devrez vous y soumettre.

La loi impose des distances minimales

Ces distances varient selon que l'ouverture pratiquée vous permet d'avoir une vue « droite » *(art. 678 du Code civil)* ou une vue « oblique » *(art. 679 du Code civil)* sur la propriété voisine. On appelle vue « droite » l'espace balayé par le regard lorsque vous vous placez en face de l'ouverture et que vous regardez droit devant vous, sans vous pencher ni tourner la tête. La vue « oblique », au contraire, est celle que vous avez lorsque vous regardez sur les côtés, en vous penchant et en tournant la tête. Dans le cas d'une vue droite, un espace d'au moins 1,90 mètres doit séparer l'ouverture de la limite séparant les deux propriétés ; dans celui d'une vue oblique, il doit être d'au moins 0,60 mètres. Ces distances sont calculées à partir du bord de la fenêtre (à partir du parement extérieur du mur, indique l'article 680 du Code civil) ou du rebord extérieur du balcon ou de la terrasse. En outre, en cas de vue oblique, vous devez, pour calculer la distance, vous placer à l'angle de l'ouverture la plus proche de la propriété voisine. Bien entendu, cette réglementation n'est applicable que si l'aménagement réalisé permet de voir chez le voisin. Ainsi, si du fait de ses caractéristiques une fenêtre ne permet pas de regarder normalement (sans effort particulier) chez le voisin, elle ne peut pas être considérée comme une vue *(Cass. Civ. 3e du 8.9.2016, n°15-19055).*
Attention, une toiture-terrasse dépourvue d'accès régulier et servant uniquement de toiture *(Cass. civ. 3e du 4.5.94, n° 92-13883)*, ne constitue pas une « vue ». Aucune distance n'est alors imposée pour édifier cette toiture-terrasse.
Le mesurage obéit à des règles strictes. Le mesurage s'effectue jusqu'à la limite de votre propriété (voir schéma p. 68). Lorsque celle-ci est

matérialisée par un grillage de clôture, il n'y a pas de difficultés particulières pour vérifier que les distances légales sont bien respectées. La situation est, en revanche, un peu plus compliquée en présence d'un mur de clôture. Dans ce cas, si le mur séparatif vous appartient, la distance à respecter se calcule jusqu'à la façade du mur orientée vers la propriété voisine ; s'il appartient à votre voisin, jusqu'à la façade du mur visible depuis votre propriété ; enfin, s'il est mitoyen, la distance se mesure jusqu'au milieu de l'épaisseur du mur, puisque c'est là que passe la ligne séparant vos propriétés respectives *(Conseil d'Etat du 27.11.15, n° 381174)*. Retenez également que si votre propriété est séparée de celle du voisin par un espace privé vous appartenant et servant à un usage commun (chemin, ruelle, cour…), la distance légale doit aussi être mesurée jusqu'à la limite de votre propriété, et non jusqu'au milieu de cet espace *(Cass. civ. 3e du 14.1.04, n° 02-18564)*.

Les distances s'appliquent aux lotissements, mais pas aux copropriétés horizontales

Les distances légales à respecter pour créer une « vue » ne s'appliquent que si les propriétés qui se jouxtent appartiennent privativement à des personnes différentes. Les tribunaux considéraient auparavant qu'elles ne jouaient donc pas dans les rapports entre copropriétaires d'un ensemble immobilier, même s'il s'agissait d'une copropriété horizontale, c'est-à-dire composée de plusieurs maisons individuelles *(Cass. civ. 3e du 2.12.80, n° 79-11182)*. En effet, les terrains sur lesquels elles sont bâties ne constituent pas alors des fonds distincts, mais un terrain commun à tous les copropriétaires. Aujourd'hui, la Cour de cassation estime que la division d'un immeuble en lots de copropriété n'est pas incompatible avec l'établissement de servitudes entre des parties privatives détenues par des propriétaires différents *(Cass. civ. 3e du 13.9.05, n° 04-15742)*.

En revanche, dans un lotissement, chaque lot de terrain appartenant privativement au propriétaire de chaque maison, les distances légales requises pour créer des ouvertures s'appliquent, à défaut de disposition expresse contraire dans le cahier des charges ou le règlement de lotissement.

Certaines propriétés échappent à ces contraintes. Les règles édictées en matière de « vues » ne s'appliquent qu'entre des propriétés privées contiguës (c'est-à-dire accolées), qu'elles soient situées en ville ou à la campagne. Peu importe qu'un seul terrain soit bâti et l'autre pas. Peu importe également l'usage qui est fait des constructions édifiées : domestique, professionnel, commercial… En revanche, vous n'avez aucune distance à respecter si l'ouverture donne sur la voie publique, ou dans l'une des circonstances suivantes : l'ouverture débouche sur une parcelle de terrain en indivision, c'est-à-dire appartenant à la fois à votre voisin et à vous-même *(Cass. civ. 3e du 24.10.90, n° 88-15667)* ; les fonds sont séparés par une bande de terrain à usage commun *(Cass. civ. 3e du 23.11.17, n° 15-26240)* ; la partie de terrain du voisin sur lequel s'exerce la vue est grevée d'une servitude de passage à votre profit qui empêche l'édification de constructions *(art. 678 du Code civil)* ; l'ouverture donne sur le mur « aveugle » (qui ne comporte pas d'ouverture) de la maison voisine ou sur un toit fermé (sans vasistas ni « chien assis ») ; l'ouverture est pratiquée dans le toit et ne permet de voir que le ciel (cas fréquent des vasistas créés pour éclairer des combles aménagés). Sachez également qu'un arrêt de la Cour de cassation a refusé à un propriétaire la suppression de l'ouverture que son voisin avait pratiquée dans son bâtiment, pourtant situé à moins de 1,90 mètre de son propre immeuble, au motif qu'une bande de terrain appartenant à une troisième personne séparait les deux immeubles. Bien que cette bande fût si étroite que l'ouverture donnait de fait sur la propriété du plaignant, à une distance inférieure à celle prescrite par la loi, les juges ont refusé sa suppression, les propriétés n'étant pas contiguës *(Cass. civ. 3e du 21.12.87, n° 86-16177)*.

Aucune distance ne s'impose en cas de servitude de vue

Parfois, un propriétaire peut bénéficier d'une « servitude de vue » : il n'a pas, dans ce cas, l'obligation de respecter les distances légales prescrites pour les ouvertures. Il est possible d'acquérir une telle servitude de trois manières différentes.

Un accord est conclu entre voisins. Il est possible de déroger aux prescriptions légales en matière de vues (les juristes disent qu'elles ne sont pas « d'ordre public »). Il suffit pour cela d'une convention

Les distances légales pour les ouvertures

Afin de protéger chacun contre les indiscrétions de ses voisins, la loi interdit de créer des ouvertures donnant sur une propriété contiguë, à moins de respecter une certaine distance, prévue par la loi selon les caractéristiques de l'ouverture.

1 Vue droite

1,90 m : distance minimale entre la limite séparative des terrains **C** et **D**, et l'extrémité de la terrasse de la propriété **D** *(art 680 du code civil)*. Il en serait de même avec un balcon ou une fenêtre *(art 678 du code civil)*.

2 Vue oblique

0,60 m : distance minimale entre la limite séparative des terrains **A** et **C**, et l'angle de l'ouverture pratiquée dans la construction de **C** *(art 679 du code civil)*. La distance minimale est respectée si, en traçant un arc de cercle à partir de l'angle de l'ouverture, il ne mord pas sur la limite séparative entre les deux terrains.

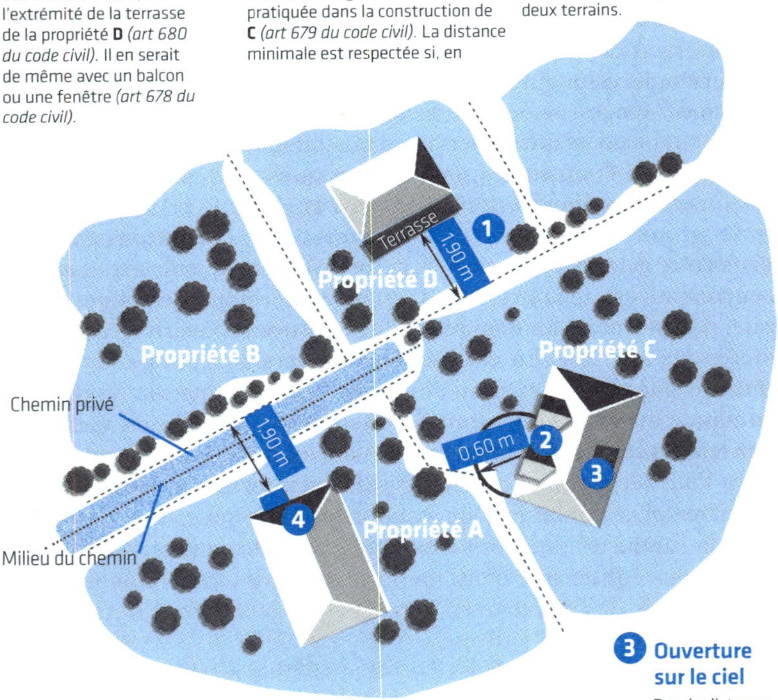

3 Ouverture sur le ciel

Pas de distance légale : dès lors que l'ouverture dans le toit de **C** ne permet de voir que le ciel.

4 Ouverture sur un espace commun (chemin, cour, jardin....)

1,90 m ou 0,60 m : les distances légales s'appliquent selon que l'ouverture pratiquée sur l'espace commun est une vue droite ou oblique. Mais, attention, ces distances se calculent entre l'ouverture (ici, une vue droite pratiquée dans la construction de **A**) et la limite du terrain voisin **B**, et non par rapport au milieu de l'espace commun (chemin privé appartenant à **A** et **B**).

écrite établie avec votre voisin, vous autorisant (ou l'autorisant) à percer une fenêtre ou à construire un balcon à une distance inférieure à celles prévues par la loi. Cet accord s'impose à vous et à votre voisin. Toutefois, pour que l'acte soit également opposable aux tiers (c'est-à-dire à toute personne n'ayant pas participé à l'accord, notamment les éventuels acquéreurs des propriétés concernées), vous devrez le remettre à un notaire pour qu'il le publie au Service de la publicité foncière. À défaut, en cas de revente de la propriété bénéficiaire de la servitude, celui qui la subit pourrait exiger de l'acheteur qu'il condamne la fenêtre ou détruise le balcon. Notez toutefois qu'un arrêt récent a considéré qu'une servitude non publiée restait opposable à l'acquéreur de l'immeuble grevé, dès lors qu'elle a été mentionnée dans son acte de vente *(Cass. civ. 3e du 16.3.11, n° 10.13771).*

> Pour éviter tout litige, **mieux vaut rester prudent** et faire publier l'accord au Service de la publicité foncière.

Une servitude de vue peut naître par prescription. Si votre voisin a, sans votre accord, ouvert une fenêtre ou aménagé une terrasse, ou encore ouvert une porte à une distance inférieure à la distance légale, il vaut mieux lui demander de supprimer l'ouverture irrégulière sans attendre. En effet, si vous ne réagissez pas pendant trente ans par une assignation en justice (une réclamation en recommandé ou une sommation d'huissier est insuffisante), vous aurez laissé s'établir une servitude de vue au bénéfice du terrain voisin. Vous (et tous les propriétaires de votre terrain après vous) ne pourrez plus alors exiger qu'il supprime cette ouverture. Vous devrez la supporter sans limite de temps. En particulier, vous ne pourrez plus édifier une construction sur votre terrain à moins de 1,90 mètre de l'ouverture aménagée par le voisin, s'il s'agit d'une servitude de vue « droite » *(Cass. civ. 3e du 3.12.03, n° 01-17293).* Par exemple, si vous avez laissé le voisin ouvrir une fenêtre à 0,50 mètre de la limite de votre propriété sans réagir pendant trente ans, vous ne pourrez plus ensuite édifier aucune construction sur votre terrain à moins de 1,40 mètre de cette limite, sinon vous empêcheriez l'exercice de la servitude, ce dont votre voisin pourrait demander réparation en justice.

La division d'une propriété peut aussi créer une servitude de vue. Si un propriétaire divise sa propriété en deux parcelles, en situant la limite séparative à moins de 1,90 mètre de la fenêtre de sa maison, puis vend la parcelle issue de la division, son acheteur devra supporter la servitude de vue née de cette opération.

Agir face à une ouverture irrégulière

Si votre voisin ne respecte pas les distances légales de vue et refuse, malgré vos réclamations répétées, de modifier la situation, vous pouvez alors saisir le tribunal de grande instance de votre lieu de résidence (l'assistance d'un avocat est obligatoire). En principe, les juges ordonneront la suppression pure et simple de l'ouverture ou de l'ouvrage (balcon, terrasse…) irrégulier. Sachez toutefois que certains magistrats se bornent à condamner le fautif à la réalisation de simples aménagements, tels que la pose d'une cloison opaque sur le balcon ou le rehaussement du mur séparant vos propriétés respectives. Certains magistrats se contentent même d'allouer au plaignant des dommages et intérêts (sans autre sanction), ce qui semble très critiquable, car le maintien d'une vue irrégulière pourrait conduire, à terme, à l'acquisition par le fautif d'une servitude de vue sur votre propriété, par prescription (voir p. 56).

Les « jours », une alternative lumineuse

Lorsqu'il est impossible de percer une fenêtre dans un mur sans enfreindre les distances imposées par le Code civil, il reste une solution pour gagner un peu de luminosité : ce sont les « jours », dits de « tolérance » ou de « souffrance ». Il s'agit de petites ouvertures (telles qu'une lucarne, un carré de verre, un hublot…) qui ne laissent passer que la lumière, qui demeurent fermées, et au travers desquelles il est donc impossible de voir *(art. 676 du Code civil)*. Ces aménagements doivent être composés d'un châssis fixe qui ne peut pas s'ouvrir (contrairement aux fenêtres, vasistas,…), et comporter un verre ou un matériau simplement translucide (qui laisse passer la lumière), et non pas transparent. Ils doivent, par ailleurs, être garnis d'un treillis de fer (une grille), dont les

> + Des jours ne peuvent être **percés dans un mur mitoyen**, que si le propriétaire voisin donne son accord.

mailles ont au maximum 10 centimètres d'ouverture. Plus respectueux de l'intimité des voisins, les « jours » ne sont pas soumis à la réglementation contraignante qui est applicable aux « vues ». Ils peuvent donc être créés sans avoir à respecter une distance minimale par rapport à la limite de propriété, mais doivent toutefois être placés en hauteur.

Les jours doivent être placés à bonne hauteur

Un jour doit se situer à une certaine hauteur par rapport au plancher de la pièce qu'il est destiné à éclairer, c'est-à-dire à 2,60 mètres du sol en rez-de-chaussée, et à 1,90 mètre du plancher en étage *(art. 677 du Code civil)*. Si l'ouverture est pratiquée dans une cage d'escalier, la hauteur se calcule à partir du niveau de la marche à l'aplomb de laquelle le jour est situé. En revanche, la taille des jours n'est pas limitée. Ils peuvent donc éventuellement être percés sur toute la longueur d'un mur. En cas de litige, les juges apprécient souverainement si l'aménagement constitue un simple « jour » ou une véritable « vue » *(Cass. civ. 3e du 31.1.84, n° 82-14376)* ou bien ni l'un ni l'autre : en l'espèce il s'agissait de pavés de verres translucides *(Cass. civ. 3e du 11.4.12, n°11-14161)*. En pratique, ils tiennent compte à la fois des matériaux utilisés et de l'inconvénient que l'aménagement présente pour le fonds voisin. Ils ont, par exemple, qualifié de « jours » des ouvertures qui servaient pourtant d'aération, et qui étaient équipées de vantaux ouvrants en verre transparent. Ils ont en effet considéré que la hauteur à laquelle elles étaient positionnées (à plus de 1,90 mètre du sol) ne permettait pas de voir de façon normale chez le voisin *(CA de Paris, 23e ch. B du 25.3.94, n° 92/025372)*. De même, pour la cour d'appel de Montpellier, le seul élément déterminant pour apprécier le caractère d'une ouverture (jour ou fenêtre) est le respect ou non des hauteurs imposées par rapport au niveau du plancher *(CA de Montpellier du 4.12.00, n° 99/01426)*. D'autres fois encore, le juge a pu estimer qu'une ouverture qui participe de façon importante à la luminosité générale des lieux, constitue, non pas un jour de souffrance mais une fenêtre, qui ne peut être obstruée *(Cass. Civ. 3e du 12.07.18, n° 17-11288)*.

La création de jours est une simple tolérance

Le percement d'un jour dans un mur, si celui-ci est privatif, ne nécessite aucune autorisation, qu'il s'agisse d'un mur de clôture ou de

la façade d'un bâtiment situé en limite séparative. Un propriétaire peut donc tout à fait pratiquer une telle ouverture dans un mur séparatif lui appartenant, sans l'accord de son voisin. En revanche, si le mur est mitoyen, il doit obligatoirement obtenir l'accord de l'autre propriétaire *(art. 675 du Code civil)*. Cet accord ne peut absolument pas être remplacé par une décision de justice. Dans tous les cas, sachez que la création d'un jour constitue toujours une simple tolérance de la part du voisin. Ce dernier pourra donc, en cas de besoin, édifier par la suite une construction contre le mur, qui masquera ainsi le jour, même si celui-ci existe depuis plus de trente ans *(Cass. civ. 3e du 7.4.04, n° 02-20502)*.
En effet, contrairement aux fenêtres autorisant la vue sur le fonds voisin, l'existence d'un jour ne permet pas de créer une servitude de vue (voir p. 57). Cependant, il ne faut pas que celui qui neutralise le jour du voisin le fasse dans la seule intention de lui nuire, par exemple en élevant un pan de mur uniquement au niveau du jour créé par son voisin, sans que cela lui soit d'une quelconque utilité. Car il risque alors de se voir condamner, pour abus de droit, à démolir son mur.

Les plantations

Si vous pouvez planter ce que vous voulez dans votre jardin, les plantations doivent cependant respecter certaines distances par rapport aux propriétés voisines, afin d'éviter qu'elles les surplombent ou y causent des dommages par leur trop grande proximité. Très souvent, les règlements et usages locaux fixent ces distances. À défaut, vous devez respecter celles imposées par le Code civil.
Ces contraintes s'imposent à vous, que vous plantiez un arbre isolé, une rangée d'arbres ou encore une haie de végétaux. Selon nous, les végétaux qui ne comportent pas de ramifications de branches en hauteur (les fleurs, par exemple) ne sont pas concernés. Ils peuvent donc être plantés jusqu'à la limite de votre propriété.

> **+** En cas de doute, **renseignez-vous en mairie pour connaître vos droits et vos obligations** en la matière. Vous éviterez ainsi un conflit avec un voisin tatillon.

Les règlements et les usages locaux

Pour savoir quelles distances respecter, vous devez en priorité vous référer aux règlements locaux, puis aux usages constants et reconnus dans votre commune. Ce n'est qu'en l'absence de règles locales que vous devez vous référer aux distances prescrites par la loi (les juristes disent qu'elles sont « supplétives » ; *art. 671 du Code civil, Cass. civ. 3e du 27.3.13, n° 11-21221)*.

La mairie répertorie toutes les règles locales

Votre premier réflexe doit donc être de vous renseigner auprès de votre mairie sur l'existence de règlements (pris par le maire sous la forme d'arrêtés) et d'usages locaux. Les chambres d'agriculture sont chargées de grouper, coordonner et codifier les coutumes et usages à caractère agricole. Les distances de plantation entrent, le plus souvent, dans cette catégorie. Une fois codifiés, ces usages sont soumis à l'approbation du Conseil général du département. Un exemplaire de cette codification doit finalement être déposé et conservé au secrétariat des mairies « pour être communiqué à ceux qui le demanderont » *(art. D.511-1 du Code rural et de la pêche maritime).* Vous pouvez aussi vous appuyer sur un usage qui n'a pas été répertorié et codifié par la chambre d'agriculture pour établir vos plantations. Mais si votre voisin le conteste, vous devrez prouver son existence.

Cette preuve pourra être faite par tous moyens, notamment par témoignages. En cas de litige, le tribunal d'instance appréciera, au cas par cas, l'existence ou non de cet usage. Ainsi, dans une affaire où un propriétaire invoquait l'absence d'usage local pour demander le déplacement d'arbres plantés par son voisin à moins de 2 mètres de son terrain, les magistrats ont estimé que la production d'une attestation

Les distances applicables aux plantations bordant le domaine public

Les distances édictées par le Code civil ne s'appliquent qu'entre propriétés privées *(Rep. Min. n° 13 242, JO Sénat Q du 27.08.15, p. 2027).* Vous n'avez donc pas à les respecter si votre propriété longe le domaine public (rue, voie ferrée...), mais vous êtes soumis à d'autres contraintes. Ainsi, si vous êtes riverain du domaine routier, vous ne pouvez pas, pour des raisons de sécurité, laisser croître des plantations à moins de 2 mètres de la limite de votre fonds sous peine d'amende *(art. R. 116-2 5° du Code de la voirie routière).* Les règlements locaux peuvent modifier cette distance selon l'importance de la voie (voie expresse, par exemple) ou de sa dangerosité (proximité d'un virage ou d'un carrefour imposant une servitude de visibilité).

L'administration peut aussi vous imposer d'élaguer les arbres qui avancent sur la voie publique *(art. L. 2212-2-2 du Code Général des Collectivités Territoriales, Rep. Min. n° 02421, JO Sénat du 14.06.18).* Sans réaction de votre part, l'administration peut y procéder à vos frais. Ces règles ne s'appliquent pas le long des chemins ruraux, car ils appartiennent au domaine privé de la commune. Toutefois, pour la commodité et la sûreté du passage, le maire peut vous imposer les mêmes contraintes que le long des voies publiques. Enfin, si vous êtes riverain d'une voie ferrée, vous ne pouvez planter aucun arbre à moins de 6 mètres de cette voie, ni aucune haie vive à moins de 2 mètres *(Rép. min. n° 2823, JOAN du 7.11.88, p. 3174).*

de la mairie et de documents d'urbanisme prouvait suffisamment l'existence de cet usage. Ils ont donc débouté le demandeur *(Cass. civ. 1re du 27.11.63, n° 61-12753)*. Notez que les règlements de lotissements l'emportent aussi sur les règles du code civil *(Cass. civ. 3e du 27.3.13, n° 11-21221)*. C'est ainsi que le cahier des charges d'un lotissement peut limiter la hauteur des plantations à 1,30 mètre au lieu des 2 mètres fixés par le code civil. Attention pour s'appliquer le règlement doit toutefois prescrire des règles suffisamment claires *(Cass. civ. 3e du 2.7.13, n°12-17808)*.

Il existe un usage spécial en région parisienne

En région parisienne, la densité des habitations fait qu'il est d'usage de n'imposer aucun retrait minimal pour planter le long des limites séparatives des propriétés. La Cour de cassation l'a rappelé à propos de la plantation d'une haie vive par un propriétaire résidant à Savigny-sur-Orge (91) *(Cass. civ. 3e du 14.2.84, n° 82-16092)*. La jurisprudence n'ayant pas délimité le territoire sur lequel cet usage s'applique, chaque affaire est examinée au cas par cas. Néanmoins, un jugement du tribunal d'instance de Melun, du 18 octobre 1988, donne une indication sur la zone géographique concernée : « Dans les départements de la petite couronne (92, 93, 94), et dans les zones fortement urbanisées des départements de la grande couronne (77, 78, 91, 95), au nombre desquelles se trouve l'agglomération melunaise, l'usage ne prévoit aucune distance pour les plantations d'arbres, qui sont dès lors autorisées jusqu'à l'extrême limite des jardins ». À l'inverse, cet usage ne joue pas dans les communes rurales de la région parisienne. La cour d'appel l'a indiqué aux propriétaires de fonds voisins situés à Chambourcy (78), considérant que la superficie de leurs terrains, supérieure à 5 000 m^2, excluait l'application de l'usage admis dans les zones pavillonnaires *(CA de Versailles du 23.3.01, n° 99/06246)*.

En l'absence de règle locale, la loi s'applique

Lorsqu'il n'existe aucun règlement local ou usage reconnu, vous devez respecter les distances imposées par l'article 671 du Code civil. Vous avez alors l'obligation d'observer un retrait d'au moins 2 mètres par rapport à la limite de votre fonds pour les plantations

Les distances légales pour les plantations

Lorsqu'aucun règlement ni usage constant dans votre commune n'impose de distance minimale pour vos plantations par rapport à votre voisin, vous devez respecter celles prévues part l'art. 671 du code civil.

Vous devez alors observer un retrait d'au moins 2 mètres par rapport à la limite de votre fonds pour les plantations dépassant 2 mètres de hauteur, et de 50 centimètres au moins pour celles destinées à ne pas dépasser 2 mètres.

Lorsque le mur séparatif appartient privativement à votre voisin, la distance légale se calcule jusqu'à la façade du mur visible depuis votre propriété.

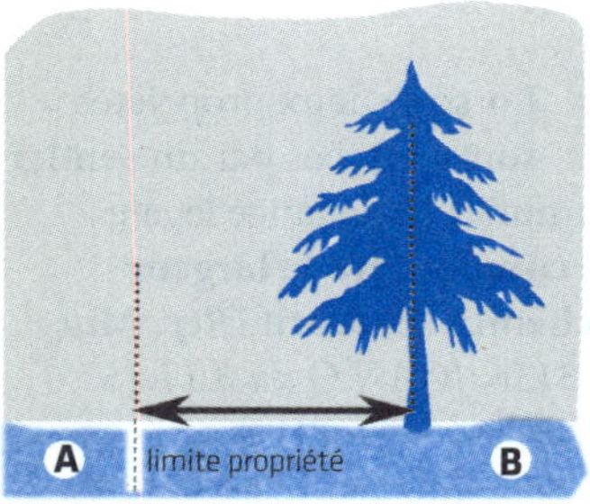

La distance à respecter se mesure du milieu du tronc jusqu'à la limite séparative de propriété. Lorsque le tronc ne s'élève pas de manière rectiligne, il est admis que la mesure soit faite au niveau du sol.

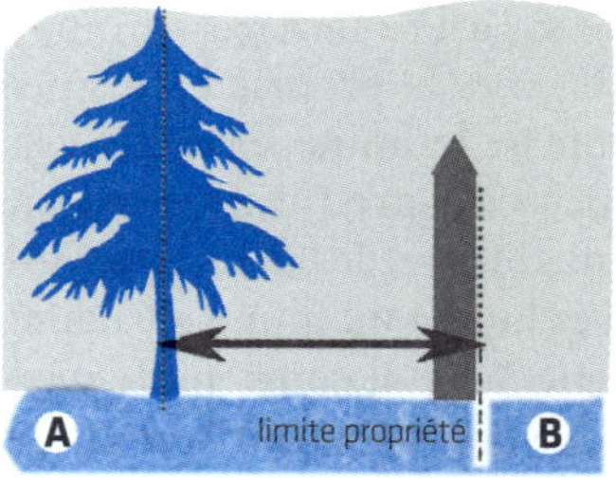

Lorsque le mur séparatif vous appartient privativement, la distance légale se calcule jusqu'à la façade du mur orientée vers la propriété voisine.

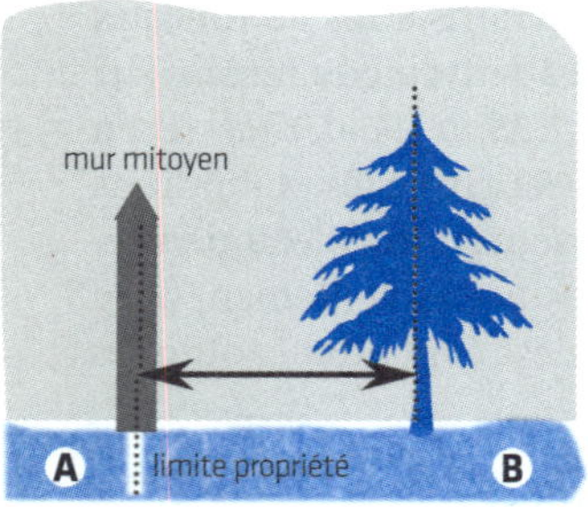

Lorsque votre propriété est séparée de celle du voisin par un mur mitoyen, la distance légale se mesure jusqu'au milieu de l'épaisseur du mur, puisque c'est là que passe la ligne séparative séparant vos propriétés respectives.

La hauteur des plantations se compte à partir du niveau du sol jusqu'au sommet de l'arbre. Même si les terrains sont de niveaux différents, la hauteur se mesure par rapport au niveau du terrain où l'arbre est planté.

destinées à dépasser 2 mètres de hauteur, et de 50 centimètres au moins pour celles destinées à ne pas dépasser 2 mètres. Si vous plantez un arbre destiné à croître au-delà de cette dernière hauteur, vous pouvez éventuellement le planter à 50 centimètres de la limite de votre propriété, à condition, toutefois, de l'étêter régulièrement lorsqu'il dépasse 2 mètres.

Le calcul des distances et des hauteurs est très précis

Les distances de 2 mètres et de 50 centimètres imposées par le Code civil représentent l'espace qui doit exister entre le milieu du tronc des plantations et la limite séparative des propriétés *(Cass. civ. 3e du 01.04.09, n° 08-11876)*. La mesure doit être faite au niveau du sol *(Cass. civ. 2e du 10.12.98, n° 95-19075)*, même si l'arbre n'est pas droit et penche vers la propriété voisine. Du côté de la limite séparative, la distance doit être calculée jusqu'à la ligne divisant les deux propriétés. Dès lors, si un mur a été édifié sur cette ligne, il convient de retenir les mêmes solutions qu'en matière de vues, selon que le mur appartient privativement au propriétaire des arbres, à son voisin, ou qu'il est mitoyen.

> **+** Lorsque deux propriétés sont séparées par un sentier communal, la distance légale doit **comprendre la largeur du chemin séparatif** *(Rep. Min. n° 63156, JOAN Q du 3.11.15, p.8084)*.

Quant à la hauteur des plantations, elle se compte à partir du niveau du sol jusqu'au sommet de l'arbre. Si les terrains sont de niveaux différents, la hauteur se mesure par rapport au niveau du terrain sur lequel l'arbre est planté *(Cass. civ. 2e du 4.11.98, n° 96-19708)*. Il en résulte, pour le propriétaire du terrain inférieur, que les plantations faites sur le fonds supérieur peuvent représenter un rideau de verdure très élevé et réduire considérablement son ensoleillement (une action pour trouble anormal de voisinage est cependant toujours possible : voir le chapitre 12).

Les plantations en espaliers échappent à ces contraintes

Les plantations en espaliers sont celles qui grimpent le long du mur grâce à des aménagements légers tels que des treillages, palissades ou fils de fer destinés à les retenir. Si votre propriété est séparée de celle de votre voisin par un mur de clôture, et à condition toutefois que ce mur vous appartienne privativement, vous avez le droit d'y adosser des plantations en espalier sans être tenu de respecter aucune distance, ni réglementaire ni légale. Si le mur de clôture est mitoyen, c'est-à-dire commun à vous et à votre voisin, vous pouvez l'un et l'autre planter en espalier sans marge de reculement par rapport au mur. Dans tous les cas, vous devrez cependant veiller à ce que les plantations ne dépassent pas la crête du mur en les étêtant régulièrement à cette hauteur maximale *(art. 671 du Code civil).* Vous devrez également veiller à ce qu'elles n'endommagent pas le mur mitoyen, faute de quoi une action en responsabilité pourra être engagée contre vous par le propriétaire voisin.

Si le mur **appartient uniquement à votre voisin**, lui seul peut y adosser des plantations en espaliers.

Le non-respect des distances minimales

Qu'elles soient précisées par la réglementation locale ou bien imposées par la loi, les distances de plantation doivent toujours être scrupuleusement respectées. À défaut, le propriétaire des plantations pourra, selon le cas, être condamné à les étêter, à les déplacer, voire à les arracher. Il échappera toutefois à toute condamnation s'il peut revendiquer l'existence d'une « servitude de plantation » à son profit *(art. 672 du Code civil).* Sachez que le Conseil constitutionnel a jugé ces dispositions conformes à la constitution *(QPC n° 2014-394 du 7.5.14).*

Saisir la justice, même sans préjudice

Si, malgré vos réclamations verbales et écrites répétées (voir modèle de lettre p. 202), votre voisin ne se conforme pas aux distances imposées en matière de plantations, vous pouvez l'assigner devant le tribunal d'instance de votre lieu de résidence, seul compétent en matière de plantations (l'avocat n'est pas obligatoire). Vous pouvez agir ainsi même si vous ne subissez aucun préjudice du fait des plantations *(Cass. civ. 3e du 16.5.00, n° 98-22382),* en vous fondant sur le seul fait qu'il ne respecte pas les distances prescrites. Selon les circonstances, vous obtiendrez la condamnation de votre voisin à arracher ou à déplacer ses plantations. Toutefois, en cas d'application des distances du Code civil, si la végétation incriminée est à moins de 2 mètres de votre fonds mais à plus de 50 centimètres, votre voisin pourra opter entre leur arrachage, leur déplacement ou leur réduction à moins de 2 mètres de hauteur. Attention, si le terrain voisin est loué, vous devez adresser votre demande d'élagage au propriétaire du terrain et non au locataire, même si c'est à lui qu'incombe l'obligation d'élaguer les arbres de la propriété louée. À charge pour le propriétaire d'exiger de son locataire qu'il remplisse ses obligations *(Cass. civ. 3e du 5.2.14, n° 12-28701).*

Une servitude de plantation peut vous empêcher d'agir

Une servitude de plantation résultant d'un accord entre voisins ou de la prescription trentenaire peut vous empêcher d'agir contre votre voisin.

Les distances en matière de plantations ne sont pas « d'ordre public ». Deux voisins peuvent donc décider de s'en affranchir en établissant un acte écrit leur reconnaissant la possibilité de planter sur la limite séparative de leurs fonds. Ils ne pourront plus ensuite exiger le respect des distances normalement applicables, chacun ayant admis la création d'une « servitude de plantation » sur sa propriété. Toutefois, pour que le contrat ainsi conclu s'applique également aux propriétaires successifs des deux fonds, il doit être transmis à un notaire qui le fera publier au Service de la publicité foncière. La jurisprudence a toutefois assoupli ce principe (voir p. 95). Une servitude de plantation peut également exister à la suite de la division d'une propriété en plusieurs lots. C'est le cas lorsqu'une propriété comportant une haie d'arbres est divisée en deux lots, en vue d'une vente ou d'une donation. Les acquéreurs de ces lots doivent alors supporter la présence des arbres, même si leur implantation ne respecte pas les distances prescrites. Cela, quelle que soit la date à laquelle le propriétaire d'origine les avait plantés.

Soyez attentif à la prescription trentenaire. En effet, si vous (et les propriétaires successifs) ne réagissez pas pendant trente ans face à une plantation illégale (par une assignation devant le tribunal d'instance), une servitude s'établit au profit du terrain voisin *(art. 690 du Code civil).* Vous ne pouvez plus alors exiger l'arrachage de l'arbre. Des juges ont ainsi rejeté la demande d'arrachage d'une haie datant de plus de 30 ans et l'élagage d'acacias centenaires *(Cass. civ. 3e du 04.05.10, n° 09-68030)*. C'est l'exemple type de création d'une servitude par possession trentenaire (car elle est à la fois continue et apparente). Notez toutefois que, s'il s'agit d'arbres de plus de 2 mètres de hauteur plantés à plus de 50 cm et à moins de 2 mètres de la limite de votre fonds, le point de départ du délai de trente ans est, non pas la date de sa plantation, mais celle où l'arbre, en grandissant, a dépassé la hauteur légale ou d'usage *(Cass. civ. 3e du 6.5.14, n° 13-12183)*. En revanche, si la plantation a été effectuée à moins de 50 cm, le délai de prescription court dès sa plantation *(Cass. civ. 3e du 3.4.12, n° 11-12928)*.

+ Si les plantations en cause viennent à mourir, **le voisin ne pourra pas les remplacer** au même endroit. Il devra alors respecter la distance imposée.

Vous devez veiller à ce que vos arbres n'empiètent pas sur le terrain voisin

Même lorsque les distances légales sont respectées, il peut arriver que des branches ou racines empiètent chez le voisin. Vous devez élaguer les branches lorsqu'elles dépassent la limite séparative et avancent sur le terrain contigu *(art. 673 du Code civil)*. Si vous ne le faites pas, votre voisin ne peut pas les couper lui-même, mais il peut saisir le tribunal d'instance pour qu'il vous y oblige, au besoin sous astreinte. Il peut exiger l'élagage, même si cette opération risque de faire mourir vos plantations *(Cass. civ. 3e du 31.5.12, n° 11-17313)*, ou si cela fait plus de 30 ans que les branches surplombent sa propriété sans qu'il ait réagi *(Cass. civ. 3e du 30.06.10, n° 09-16257)*. Par ailleurs, votre voisin n'a pas le droit de cueillir les fruits qui pendent aux branches de vos arbres avançant sur son terrain. Mais s'ils tombent au sol, il peut les ramasser. Quant aux racines de vos plantations, si elles empiètent chez votre voisin, il peut les couper sans vous en demander l'autorisation et sans avoir préalablement obtenu un jugement contre vous. Il peut aussi demander un dédommagement au tribunal si ces racines causent un préjudice à sa propriété : par exemple, si elles ont entraîné un soulèvement de son mur de clôture. Enfin, si la coupe des racines risque d'endommager le terrain de votre voisin, celui-ci peut obtenir du juge l'arrachage de vos arbres sans avoir à invoquer un trouble anormal du voisinage *(Cass. Civ. 3e du 7.7.2016, n° 14-28843)*.

Le droit de solliciter de son voisin qu'il coupe les branches et les racines qui dépassent sur son propre fonds est un droit imprescriptible *(Cass. Civ. 3e du 11.01.18, n° 17-15544)*. L'obligation d'élagage peut toutefois connaître des dérogations. Tel est le cas lorsque le cahier des charges d'un lotissement impose de conserver et de protéger les arbres présents avant la construction des maisons *(Cass. Civ. 3e du 13.6.12, n° 11-18791)* ou encore lorsque le jardin est situé dans un espace boisé classé. Dans ce cas, l'élagage reste possible s'il ne risque pas d'entraîner la destruction des arbres *(Cass. Civ. 3e du 27.4.17, n° 16-13953)*. Dans le cas contraire, il est soumis à déclaration préalable ou autorisation *(Cass. Civ. 3e du 1.6.11, n° 06-17851)*.

Le débroussaillage

Débroussailler, c'est détruire les broussailles et les bois morts, s'ils sont de nature à favoriser la propagation des incendies ; supprimer les arbres et arbustes dominés, dépérissants ou en densité excessive...Pour lutter efficacement contre les risques d'incendie, la loi impose aux propriétaires les plus exposés de procéder au débroussaillage de leur domaine. Il s'agit des régions citées à l'article L. 133-1 du Code forestier, ainsi que certains secteurs à risque identifiés par arrêté préfectoral. Il convient donc de se renseigner auprès de la mairie et/ou de la caserne des pompiers afin de savoir si le terrain est soumis à l'obligation légale de débroussailler.

Une obligation pour le propriétaire

Les terrains situés dans les zones classées urbaines par le plan local d'urbanisme (ou le plan d'occupation des sols) doivent être totalement débroussaillés (voir modèle de demande de débroussaillage au voisin, p. 201). En zone non urbaine, seuls les terrains supportant des constructions doivent être débroussaillés dans un rayon de 50 mètres autour de celles-ci (distance que le maire peut, par arrêté, porter jusqu'à 100 mètres) et de 10 mètres (le préfet peut prévoir moins) de part et d'autre des voies privées *(art. L 134-6 du Code forestier)*. Notez que si le rayon de 50 m dépasse les limites de votre parcelle, vous êtes tenu de débroussailler y compris chez le voisin *(Rep. Min. 101745, JOAN Q du 7.02.17)*, sauf lorsque la

surface concernée est incluse dans un rayon de 50 mètres autour de son habitation.
Un terrain situé pour partie en zone urbaine et en zone non urbaine sera soumis aux deux réglementations. La partie urbaine devra être intégralement débroussaillée, le reste du terrain étant débroussaillé dans un rayon de 50 mètres autour des constructions.

Qui paie le débroussaillage ?

En principe toutes les dépenses engagées restent à la charge du propriétaire du terrain. Toutefois, si votre terrain longe une voie ouverte à la circulation publique et que votre zone à débroussailler chevauche cette voie, les frais pour cette zone reviennent automatiquement à la charge du propriétaire de la voie (qu'il s'agisse de l'État ou des collectivités). De plus, si vous êtes en lotissement ou si votre voisin est lui aussi soumis à l'obligation de débroussailler, votre intérêt est de vous regrouper pour partager les frais, particulièrement lorsque le périmètre à débroussailler est commun à vos deux propriétés.

Le maire peut faire procéder aux travaux

La loi impose au maire de contrôler l'exécution de ces obligations et, si les propriétaires sont négligents, de faire procéder d'office aux travaux nécessaires, après mise en demeure des contrevenants, à leurs frais *(art. L. 134-9 du Code forestier)*. Si le maire ne fait rien, c'est au préfet de faire procéder au débroussaillage.

Les sanctions pour défaut de débroussaillage

Sachez que si vous ne respectez pas vos obligations en matière de débroussaillage, des sanctions pénales sont prévues à l'encontre des propriétaires défaillants.
Le tribunal de police peut vous condamner immédiatement à une amende pouvant aller jusqu'à 750 € *(art. R 163-3 du Code forestier)*, ou vous obliger à débroussailler votre terrain dans un certain délai.
La commune peut, en outre, vous infliger une amende administrative de 30 € par mètre carré soumis à l'obligation de débroussaillage *(art. L. 163-5 du Code forestier)*.

LE PASSAGE CHEZ AUTRUI

Le droit au désenclavement

Un terrain est dit « enclavé » lorsqu'il n'a aucun accès à la voie publique ou, situation plus fréquente, lorsqu'il n'a qu'un accès insuffisant *(art. 682 à 685-1 du Code civil)*. Ce peut être le cas d'un terrain destiné à être urbanisé qui n'est desservi que par un chemin étroit impropre au passage de camions et autres véhicules. Son propriétaire peut alors invoquer le droit au désenclavement pour s'assurer un accès satisfaisant à sa propriété depuis la voie publique. En clair, il peut exiger, sur le terrain de l'un de ses voisins, un passage suffisant pour permettre la circulation de véhicules *(Cass. Civ. 3e du 9.6.15, n° 13-28228)*. Mais attention, le désenclavement ne peut être demandé que lorsque l'accès souhaité est impossible. Un accès simplement gênant ou incommode ne permet pas d'obtenir le désenclavement (voir schéma p. 89). Cependant, il n'est pas toujours aisé de déterminer si l'accès à la voie publique est ou non suffisant. En cas de litige, c'est le tribunal de grande instance qui tranche.

Les conditions du désenclavement

Le droit au désenclavement joue aussi bien pour un terrain nu que pour une propriété bâtie, que l'on se trouve en ville ou à la campagne. L'article 682 du Code civil précise que le désenclavement peut être exigé pour desservir une exploitation agricole, industrielle ou commerciale, ou encore pour la réalisation d'opérations de construction ou de lotissement. Bien que cette énumération paraisse limitative, elle ne l'est pas. Le désenclavement peut également être demandé pour les besoins familiaux du propriétaire, pour l'exercice d'une profession libérale, ou encore artisanale. Il n'y a donc aucune restriction, dès lors que le désenclavement est nécessaire. La mesure peut ainsi bénéficier à un lot de copropriété lorsqu'il ne peut y être accédé qu'en passant par la cour privative d'un autre copropriétaire *(Cass. civ. 3e du 19.01.10, n° 09-12522)*.

+ Un terrain peut aussi être enclavé **pour une raison administrative** telle qu'un certificat d'urbanisme interdisant l'accès à la route *(Cass. Civ. 3e du 14.1.2016, n° 14-26.640)*.

Qui peut demander le désenclavement ?

C'est le propriétaire du terrain enclavé ou insuffisamment accessible depuis la voie publique qui peut demander le désenclavement. Lorsqu'un terrain est en indivision entre plusieurs personnes (à la suite d'une succession, par exemple), chaque indivisaire peut invoquer le droit au désenclavement sans avoir à solliciter l'accord de ses coindivisaires *(Cass. civ 1re du 17.10.07, n° 06-11587)*. De même, l'usufruitier (l'usufruit est le droit d'utiliser un bien et d'en tirer des revenus), le bénéficiaire d'un droit d'usage et d'habitation (qui permet d'user d'un bien, mais seulement pour ses besoins personnels et ceux de sa famille), ou le titulaire d'un bail « emphytéotique » (bail de longue durée : entre 18 et 99 ans), peuvent également exiger le désenclavement. En revanche, un locataire, un fermier, ou un métayer ne peuvent le revendiquer directement : ils doivent demander au propriétaire du terrain de le faire pour eux.

Le propriétaire ne doit pas être responsable de l'enclavement

Pour pouvoir prétendre à un droit de passage chez le voisin du fait de l'enclavement de son terrain, le propriétaire ne doit pas être à l'origine de ce dernier. L'exemple type est le suivant : le propriétaire d'un terrain fait construire sa maison sans ménager un passage suffisant pour sortir sa voiture (ou un engin professionnel...) vers la rue. Sachez que, dans un tel cas, les propriétaires des terrains voisins peuvent parfaitement lui refuser le passage chez eux. Seule solution alors : faire démolir la partie de construction gênante et reconstruire en ménageant, cette, fois, un espace suffisant pour l'utilisation d'une voiture ou d'une camionnette... *(Cass. civ. 3e du 6.01.09, n° 07-19.711)*. Bien que ce principe ne figure pas dans le Code civil, il a, en effet, été posé par la jurisprudence. Selon celle-ci, le propriétaire qui enclave son terrain ne peut se prévaloir de l'état d'enclave que lui-même ou le propriétaire précédent a créé *(Cass. civ. 3e du 17.6.92, n° 90-19610)*. En cas de litige, c'est le tribunal qui apprécie souverainement le caractère volontaire ou non de l'enclavement *(Cass. civ. 3e du 13.9.11, n° 10-20750)*.

L'état d'enclave n'est pas non plus retenu si le propriétaire dispose de moyens permettant de remédier à l'absence d'issue moyennant un coût acceptable. Le fait que la création du passage nécessite la destruction d'une petite dépendance, par exemple, ne constitue pas un obstacle rédhibitoire *(CA de Bordeaux, 1re ch. civ. section B du 13.4.10, n° 06/06048).*

L'assiette du passage dépend des besoins du propriétaire enclavé

L'étendue et les conditions du passage (on parle aussi « d'assiette » du passage) sont fonction des besoins du propriétaire du terrain enclavé. Sa largeur sera donc fixée à 1 mètre, 2 mètres… ou plus, selon que le demandeur revendique un simple passage à pied, ou a besoin de faire circuler de gros engins industriels ou agricoles. À cet égard, s'il s'agit d'un passage pour desservir un terrain sur lequel une construction est prévue, il faut consulter le plan local d'urbanisme en mairie afin de respecter la largeur réglementaire de l'accès (qui est souvent de 4 mètres). A contrario, un accès automobile a été refusé pour un immeuble officiellement à destination de bergerie ayant été illégalement aménagé en habitation sans permis de construire *(Cass. civ. 3e du 02.02.10, n° 08-21846).*

Prévoir le désenclavement des lots lors d'une division de propriété

Lorsqu'un propriétaire divise son terrain et qu'une des parcelles se trouve enclavée, le désenclavement ne peut pas être demandé sur une propriété voisine : il ne peut l'être que sur l'un des terrains issus de la division *(article 684 al 1er du Code civil)*. Autrement dit, si vous divisez votre propriété en plusieurs terrains, à l'occasion d'un partage, d'une vente, d'un échange…, vous devez prévoir le désenclavement des lots créés en aménageant un droit de passage sur l'un de ceux-ci. Et si vous n'avez rien prévu (ce sera rare en cas de vente, car tout candidat acquéreur exigera un passage, mais le problème peut se poser lorsque le partage résulte d'un testament), la personne qui recevra un terrain enclavé pourra obtenir un droit de passage, mais uniquement sur l'un des lots issus de l'opération de division (voir schéma p. 89).

Dans le cas d'une maison accessible uniquement par un escalier pentu de 99 marches, les juges ont considéré que cette issue sur la voie publique était insuffisante et que l'usage normal d'un fonds destiné à l'habitation justifiait son accès par un véhicule automobile *(Cass. Civ. 3e du 14.1.16, n° 14-25089).*

Notez que le droit de passage concerne également les aménagements nécessaires à l'utilisation du terrain enclavé (canalisations, fils électriques, câble pour la télévision...).

En cas de litige, c'est le tribunal qui tranche. Ainsi, les juges ne peuvent pas rejeter l'application de la servitude de passage en constatant simplement l'existence d'un chemin d'accès, sans rechercher s'il permet de satisfaire à une utilisation normale, d'après la configuration des lieux et les besoins actuels de l'immeuble *(Cass. civ. 3e du 24.11.04, n° 03-16366).* De la même manière, ne peut être considérée comme une issue suffisante une voie publique qui nécessiterait des travaux d'aménagement (enlèvement des trottoirs et des plantations) que les propriétaires enclavés ne peuvent pas imposer à la commune *(Cass. civ. 3e du 17.12.13, n° 12-25485).*

L'exercice du passage

Si la servitude de passage existe de plein droit, son assiette et son mode d'exercice doivent être aménagés d'un commun accord avec le voisin, ou à défaut par décision judiciaire. L'article 683 du Code civil énonce un principe, puis prévoit une exception : le passage doit suivre le tracé le plus court entre terrain enclavé et voie publique, mais le tracé retenu doit être le moins dommageable possible pour le terrain qui supporte le passage (voir schéma, p. 89).

> **+** Si le passage est utilisé par les propriétaires des deux terrains, **chacun d'eux doit contribuer à parts égales aux frais** d'entretien et de réparation *(Cass. civ. 3e du 14.11.90, n° 89-10210).*

Privilégier un accord amiable

Le propriétaire enclavé doit commencer par solliciter un passage auprès de son voisin (voir modèle de lettre, p. 199). Si ce dernier donne son accord, il est préférable d'établir un acte notarié qui sera publié au service de la publicité foncière, pour être opposable à tous. L'acte précisera les conditions d'utilisation du passage : son tracé, le cas échéant, les heures de passage autorisées (en permanence, le matin, le dimanche...), les bénéficiaires du passage, les véhicules ou engins admis... Il sera aussi nécessaire de préciser qui supportera les frais d'établissement et d'entretien du passage et quel sera le montant de l'indemnité due au propriétaire qui subit le passage. Excepté si les parties en ont décidé autrement, les frais d'établissement et d'entretien du passage sont à la charge du bénéficiaire du passage *(art. 698 du Code civil).*

À défaut d'accord, le tribunal tranche

Si le propriétaire du terrain à traverser refuse le passage, en prétextant qu'il y a d'autres tracés possibles (sur d'autres terrains) ou que ce tracé lui serait très dommageable, le litige devra être tranché en justice. Dans ce cas, le demandeur du passage doit saisir le tribunal de grande instance (il doit obligatoirement prendre un avocat), qui statue en fonction de la situation des lieux, des dom-

Les conséquences du désenclavement

Le terrain sur lequel s'effectue le passage continue d'appartenir au propriétaire qui subit la servitude. Il supporte toutes les impositions liées à ce terrain (taxe foncière, impôt sur la fortune, taxation de la plus-value en cas de cession). En contrepartie, il peut lui aussi emprunter le passage, sauf si l'accord entre les parties ou le jugement en décide autrement. De même, sauf accord ou décision de justice, aucun des deux propriétaires ne doit encombrer le passage, en y laissant stationner sa voiture ou en y entreposant des objets *(art. 701 et 702 du Code civil).* Dans le même esprit, le propriétaire du fonds servant ne peut pas clôturer son terrain sans laisser le libre passage au bénéficiaire de la servitude. Ainsi, s'il pose un portail (et si cette installation n'est pas jugée abusive, voir p. 96), il devra impérativement lui en fournir les clés ou la télécommande d'ouverture *(Cass. civ. 3e du 23.6.16, n° 15-16224).* En cas de conflit, un recours en référé doit être introduit devant le tribunal d'instance (voir le chapitre 9).

Les modalités d'exercice du droit de passage

Un terrain est enclavé lorsqu'il n'a pas d'accès à la voie publique ou que cet accès n'est pas suffisant. Que le terrain enclavé soit bâti ou nu, en ville ou à la campagne, il a en principe droit au désenclavement *(art. 682 à 685-1 du code civil).* Celui-ci peut être demandé pour tous les usages : exploitation agricole, artisanale, habitation, loisirs… Le passage sera alors plus ou moins large.

Le terrain est entouré d'autres parcelles sans être relié à la rue

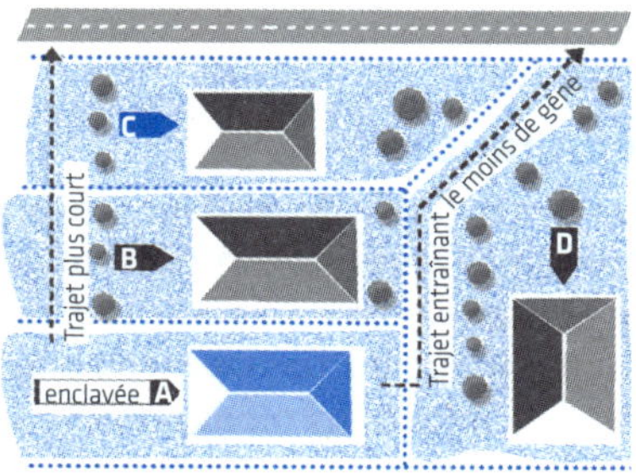

Le passage s'effectue en principe du coté où le trajet est le plus court. Le passage pourrait emprunter un tracé plus long si un chemin plus court entrainait une gêne (présence de constructions, d'arbres).

Le terrain longe bien la voie publique mais elle est inaccessible à cause de la configuration des lieux

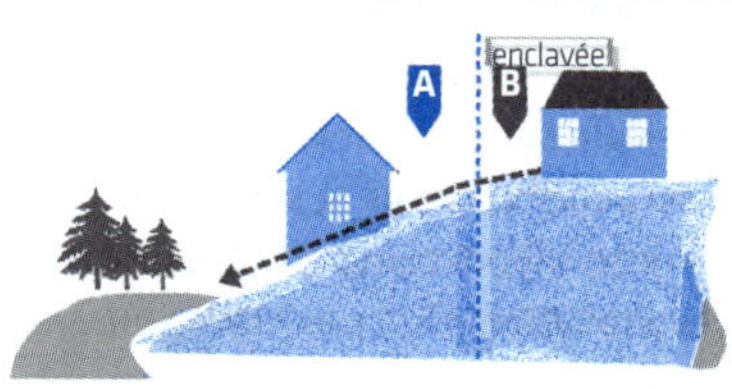

Le terrain **B** longe bien la voie publique, mais l'accès en est impossible à cause de la forte dénivellation. Il peut donc demander un passage sur le terrain **A**. Le désenclavement ne peut être demandé que lorsque l'accès est impossible. Un accès simplement gênant, difficile ou incommode, ne permet pas de l'obtenir.

Le terrain est bien relié à la voie publique mais l'accès est insuffisant

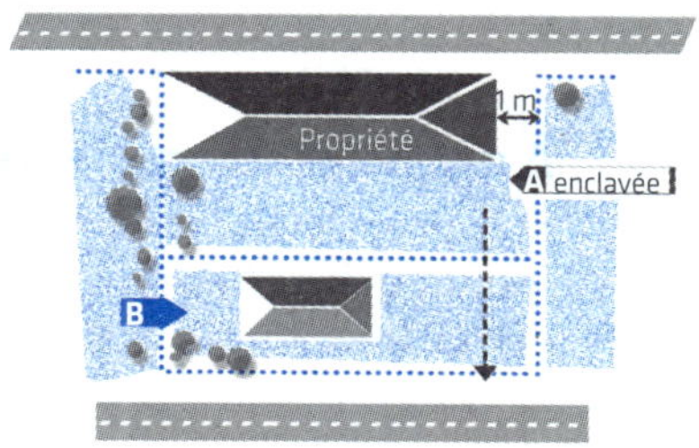

La propriété de **A** a un droit de passage sur le terrain de **B** car l'accès à la voie publique dont il dispose par ailleurs nécessite, pour être suffisant, des travaux hors de proportion avec la valeur du terrain.

Le terrain est enclavé à la suite de la division d'une même parcelle

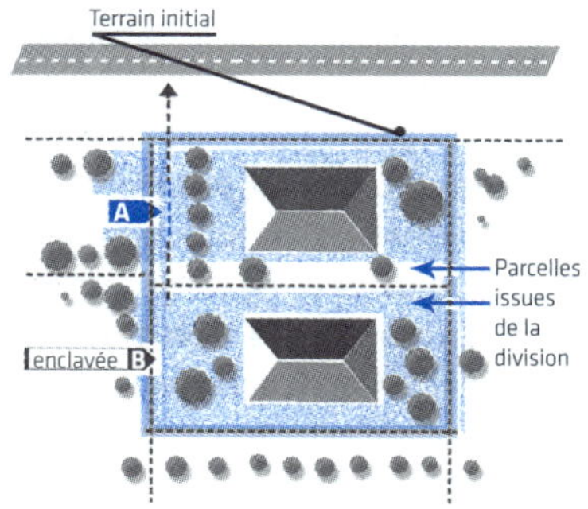

Lorsqu'un propriétaire divise un terrain (en vue d'une donation, d'une vente…) et que l'un des lots est enclavé (ici la parcelle **B**), le passage n'est possible que sur l'autre parcelle issue de la division (**A**) mais en aucun cas sur les terrains voisins (*art. 684 du code civil*).

mages prévisibles et des contraintes d'urbanisme ou environnementales *(Cass. civ. 3e du 5.9.12, n°11-22276)*. Si la solution n'est pas évidente, il peut désigner un expert chargé de proposer le meilleur parcours possible en respectant les considérations de l'article 683 du Code civil (trajet le plus court et le moins dommageable). Outre le tracé du passage, le tribunal fixe ses conditions d'exercice et le montant de l'indemnité de servitude allouée au propriétaire qui le subit (voir ci-dessous).

Le tribunal peut **condamner à des dommages et intérêts** le propriétaire qui aurait retardé inutilement la procédure de désenclavement *(Cass. Civ. 3e du 12.5.16, n° 15-14286)*.

Le propriétaire du terrain traversé est indemnisé

En principe, celui qui supporte le droit de passage doit être indemnisé. L'indemnité ne lui est due que s'il est propriétaire du fond au moment où la servitude est reconnue. Si le bien a été cédé entre temps, le vendeur ne peut pas y prétendre de plein droit *(Cass. civ. 3e du 20.01.10, n° 08-12266)*. L'indemnité est proportionnée au préjudice que ce droit de passage peut occasionner (article 682 du Code civil). Tel est le critère retenu. Le propriétaire qui subit la servitude ne peut donc pas invoquer l'avantage procuré au terrain désenclavé, c'est-à-dire la plus-value engendrée, pour réclamer une indemnité plus importante *(Cass. civ. 3e du 16.4.73, n° 71-14703)*. L'indemnité ne peut pas non plus se monter à la valeur vénale du terrain correspondant à l'assiette du passage *(Cass. civ. 3e du 9.2.94, n° 92-11500)*. Par contre, la dévalorisation subie par le fonds servant peut être prise en considération au titre du dommage causé *(Cass. civ. 3e du 31.5.07 n° 05-11693)*.

L'action en indemnité du propriétaire du fonds servant se prescrit au bout de **trente ans** *(Cass. Civ. 3e du 19.10.17, n° 16-17185)*.

En pratique, trois types de préjudices peuvent être pris en compte : les dommages causés à la propriété traversée (par exemple, la destruction d'arbres, l'ouverture d'un mur de clôture…) ; les nuisances engendrées par la réalisation du passage (bruits, occupation du terrain voisin pendant la durée du chantier…) ; et, enfin, la création de la servitude de passage elle-même. Aucune règle légale ne définit le mode de détermination de l'indemnité. Aussi est-il prudent de demander conseil à un notaire. À défaut d'entente entre les parties, c'est le tribunal de grande instance qui devra trancher.

Les modalités du passage peuvent être modifiées

Il est possible de modifier ultérieurement les conditions de passage. Ce peut être le cas lorsque l'usage du terrain enclavé change. Par exemple, une maison est édifiée sur un terrain auparavant utilisé comme jardin d'agrément. Le bénéficiaire du passage demande alors à pouvoir passer en voiture et non plus à pied. Lorsqu'un conflit naît à ce propos, il doit être tranché par le tribunal de grande instance. Si cette modification aggrave la servitude, l'extension doit être justifiée par un réel besoin pour son bénéficiaire. De la même façon, il a été jugé que le bénéficiaire de la servitude peut obtenir l'élargissement du passage lorsque la largeur de celui-ci est devenue insuffisante du fait des progrès techniques réalisés dans les modes de transport *(Cass. civ. 3e du 4.2.87, n° 85-17595)*. En pratique, le tribunal arbitrera entre les intérêts des parties et vérifiera, en particulier, si la modification n'a pas pour effet d'entraver ou de rendre le passage impossible de fait.

La disparition du droit de passage

Si le terrain vient à être désenclavé, suite à la création d'une route ou d'un chemin, le droit de passage peut alors disparaître *(art. 685-1 du Code civil)*. Mais sa disparition n'est pas automatique. Elle doit être demandée par le propriétaire du terrain qui supporte le droit de passage à celui qui en bénéficie. Théoriquement, ce dernier ne peut pas s'y opposer. Si toutefois il refusait, le propriétaire du fonds servant pourrait saisir le tribunal de grande instance. Tant que le tribunal n'a pas rendu sa décision, il ne peut pas s'opposer au passage *(Cass. civ. 3e du 1.7.80, n° 79-11264)*. Les juges ont, par exemple, décidé du maintien de la servitude consentie pour assurer la desserte d'un lot de parcelles, bien que le bénéficiaire du passage ait aménagé un autre chemin d'accès en contrebas permettant de passer à pieds et en voiture. Ils ont estimé que la desserte des parcelles n'était pas assurée de façon suffisante par ce chemin

(Cass. civ. 3e du 9.4.13, n° 12-17352). Le droit de passage subsiste, en revanche, si les parties avaient clairement manifesté dans un acte écrit leur intention de créer une servitude purement conventionnelle et donc destinée à perdurer, même en cas de désenclavement ultérieur. En pratique, on constate que les actes ne sont pas toujours explicites sur ce point, de sorte que le tribunal aura à rechercher quelle a été l'intention des parties au moment où a été créée la servitude : a-t-elle été fondée sur l'état d'enclave ou les parties ont-elles voulu créer une servitude essentiellement conventionnelle et donc permanente ? L'extinction de la servitude légale de passage autorise également le propriétaire du terrain à demander la suppression des canalisations et câbles antérieurement enfouis sous son assiette *(Cass. civ. 3e du 14.12.05, n° 04-14.495).* Enfin, sachez que le droit de passage pour cause d'enclave ne s'éteint pas, même si vous ne l'utilisez pas pendant plus de 30 ans *(Cass. civ. 3e du 5.2.14, n° 12-28242).*

Les autres droits de passage

Même si un terrain n'est pas enclavé, son propriétaire peut toujours négocier avec un voisin un droit de passage. Par ailleurs, les tribunaux reconnaissent un droit de passage temporaire sur la propriété voisine pour réparer une construction édifiée en limite de propriété. La pratique de la pêche ou de la chasse peut également permettre de passer chez autrui.

Le droit de passage amiable

L'article 686 du Code civil autorise tout propriétaire à concéder un droit de passage sur sa propriété au profit d'une propriété voisine. Ce droit peut être accordé temporairement pour une raison exceptionnelle ou de manière permanente. Dans ce dernier cas, il s'agit d'une véritable servitude qui pèse sur le terrain (voir le chapitre 4). Quoi qu'il en soit, le droit de passage s'exerce dans les conditions convenues entre celui qui l'accorde et ses bénéficiaires *(art. 686 du Code civil)*. L'autorisation peut être accordée pour tous les modes de passage (à pied, en voiture…) ou être circonscrite à un mode déterminé.

> + Le droit de passage **peut être accordé à une seule ou plusieurs personnes.** Pour prévenir les litiges, mieux vaut mettre les choses par écrit.

Le droit de passage est accordé de façon temporaire

Pour une raison exceptionnelle, le droit de passage peut être accordé temporairement. Vous pouvez, par exemple, autoriser votre voisin à faire transiter de gros camions sur votre chemin empierré le temps de la construction de sa maison, parce que son terrain, trop meuble, ne supporterait pas leur poids. Mais on peut envisager bien d'autres circonstances où un droit de passage est accordé temporairement : époque des vacances d'été, période d'enneigement, cueillette de champignons…

Il faut se mettre d'accord sur les modalités du passage. Le droit de passage temporaire peut être donné sans restriction ou, au contraire, il peut être soumis à certaines conditions : à pied, à bicyclette, en voiture, en camion… Par exemple, l'autorisation peut être accordée pour les piétons et les vélos, mais refusée aux voitures et autres véhicules à moteurs. De la même façon, le droit de passage peut être consenti à une ou plusieurs personnes déterminées (par exemple, votre voisin et ses enfants) ou sans restriction. Le cas échéant, le droit peut, en outre, être limité dans le temps : par exemple de 8 heures à 16 heures ou tous les jours, sauf le dimanche…

Un accord verbal peut suffire, mais un écrit est souvent utile. Dans le cas d'un droit de passage temporaire, accordé sans restriction particulière, il est tout à fait possible de se contenter d'un simple accord verbal. Notamment si le passage doit être de courte durée (par exemple, quelques semaines) et que l'on connaît bien son voisin en qui l'on a toute confiance. Dans le cas contraire, la rédaction d'une convention signée entre les parties (un acte sous seing privé) ou un échange de lettres paraissent suffisants. Excepté lorsque le terrain sur lequel vous accordez le passage risque d'être endommagé, par le va-et-vient de camions par exemple. Il peut alors être judicieux de mettre par écrit les conditions de la remise en état des lieux. Dans ce cas, c'est le voisin bénéficiaire du passage qui doit s'engager à réparer les dégâts subis par le terrain, même si ce n'est pas lui qui utilise le passage mais des tiers avec lesquels il a traité, une entreprise de construction, par exemple. En toute hypothèse, c'est bien votre voisin bénéficiaire du passage qui est responsable des dommages occasionnés à votre propriété.

> **+** Il faut être particulièrement **attentif à la rédaction de l'accord**, pour laquelle il est plus prudent de prendre conseil auprès d'un notaire.

Le droit de passage est permanent

Un droit de passage peut également être accordé de manière permanente. Par exemple, pour permettre à un voisin de bénéficier d'un second accès à la voie publique. De même, à la campagne, un agriculteur peut négocier un droit de passage avec d'autres propriétaires afin d'éviter à ses engins agricoles un détour compliqué pour accéder à une parcelle de terre.

L'accord doit impérativement être passé par écrit. Un tel droit permanent constitue une véritable servitude attachée à la propriété qui en profite et grevant celle qui la supporte (voir le chapitre 4).

Il est donc indispensable, pour prévenir tout risque de litige, de le transcrire par écrit, notamment lorsqu'une indemnité doit être versée par le bénéficiaire du droit de passage. Plus précisément, l'autorisation doit faire l'objet d'un acte notarié qui sera publié au Service de la publicité foncière. En effet, en principe, seule la publicité de cet acte au Service de la publicité foncière rend l'accord opposable à tous : acquéreurs du terrain qui supportent le passage, héritiers ou donataires des propriétaires… (de la même façon, la renonciation à une servitude de passage doit être publiée au Service de la publicité foncière pour être opposable aux tiers). La jurisprudence récente est stricte : elle considère que la mention de l'existence de la servitude de passage dans l'acte notarié d'acquisition ne suffit pas. Il faut que ce dernier fasse référence au titre constitutif de la servitude *(Cass. Civ. 3e du 8.10.15, n° 14-18173 ; Cass. civ. 3e du 12.4.12, n° 10-28015).* Toutefois, la jurisprudence admet que l'acte invoqué, bien qu'insuffisant pour établir la preuve de l'existence de la servitude, puisse constituer un commencement de preuve par écrit. Il devra, pour constituer une preuve à part entière, être complété par d'autres éléments tels que des témoignages ou des présomptions *(Cass. civ. 3e du 31.01.12, n° 11-10936).* Notez enfin qu'un acte de donation publié et auquel est annexé un document d'arpentage ayant pour mention un droit de passage sur la parcelle dont il a été fait don constitue un titre de servitude valable *(Cass. civ. 3e du 3.07.12, n° 11-17586).*

> **+** **Un procès-verbal de bornage** peut établir un titre constitutif d'une servitude de passage si celui-ci comporte l'accord des propriétaires des fonds concernés *(Cass. Civ. 3e du 14.06.18, n° 17-20095).*

En tout état de cause, il est recommandé de faire publier l'accord au Service de la publicité foncière.

L'acte doit être le plus précis possible. L'étendue et les conditions d'exercice de la servitude de passage sont précisées par le titre qui l'institue. Il faut ainsi veiller à définir la largeur du passage, à en situer le tracé sur un plan annexé à l'acte, à préciser qui supporte les frais d'aménagement du passage, sans oublier les frais d'entretien ultérieur. Toutes ces dépenses peuvent être partagées si le propriétaire qui accorde le passage l'utilise également de manière régulière. Il faut préciser aussi quelles seront les personnes habilitées à passer (le propriétaire du terrain bénéficiaire, sa famille, ses relations, ses employés, ses fournisseurs…). Il peut également être utile de préciser si le droit de passage s'étend également à celui de faire passer les canalisations (ce n'est pas un droit accessoire au passage comme en cas d'enclave, *Cass. civ. 3e du 14.06.18, n° 17-20.280)*. Sans oublier, bien entendu, de chiffrer l'indemnité de passage incombant, le cas échéant, au bénéficiaire de la servitude.

La modification de l'assiette de la servitude doit intervenir d'un commun accord. Le propriétaire bénéficiant de la servitude ne peut pas modifier l'assiette du passage sans l'autorisation du propriétaire qui la doit. En effet, l'article 702 du Code civil interdit au propriétaire du fond dominant d'aggraver la servitude due par le fond servant. Toutefois, la jurisprudence tolère certaines adaptations de l'assiette fixée par la convention initiale si elles sont devenues nécessaires pour suivre les évolutions techniques ultérieures. Les juges ont ainsi admis l'élargissement d'un passage insuffisant compte tenu des nécessités de la vie moderne, pour constituer un accès normal au fond *(Cass. civ. 3e du 22.03.11, n° 09-70533)*.

Si le propriétaire du fonds supportant la servitude, peut dans certains cas *(Code civil, art. 701)* demander le déplacement de la servitude, ce déplacement ne peut se faire sur une parcelle qui ne lui appartient pas, quand bien même il aurait des droits indivis sur le fonds de remplacement *(Cass. Civ 3e du 17.11.2016, n° 15-12368)*.

> **+ Le classement d'un terrain en espace boisé** interdit la mise en œuvre d'une servitude de passage quand bien même celle-ci aurait été instituée antérieurement au classement *(Cass. Civ. 3e du 15.03.2018, n° 17-14366)*.

A-t-on le droit de clôturer le passage ? Rien n'empêche le propriétaire qui a accordé le passage de placer une clôture (barrière, haie végétale, mur…) le long du parcours, de façon à ne pas être gêné par les allées et venues du bénéficiaire ou de prévenir l'intrusion de tiers dans sa propriété. Mais il doit veiller à n'apporter, de ce fait, aucune gêne à son voisin. L'article 701 du Code civil oblige en effet le propriétaire du terrain débiteur du passage à « ne rien faire qui tende à en diminuer l'usage ou à le rendre plus incommode ». En particulier, en édifiant un mur ou en plantant une haie, il devra faire en sorte de ne pas réduire la largeur du passage. Il faudra, de même,

qu'il veille à élaguer les branches des arbres ou arbustes plantés le long du passage, qui pourraient gêner la circulation des véhicules *(Cass. civ. 3e du 5.6.13, n° 11-25627).*
La question est souvent posée, en pratique, de l'installation d'une clôture à l'extrémité du passage, en particulier du côté de la rue. Il est en effet normal que le propriétaire qui doit le passage veuille se protéger des incursions possibles venant de la rue. Rappelons que chacun a le droit de clôturer sa propriété (voir le chapitre 1). Mais il est cependant évident qu'en installant en travers du chemin un portail ou une barrière fermant à clé ou une chaîne avec un cadenas, le propriétaire du terrain rend le passage plus incommode pour le bénéficiaire de la servitude. Faut-il faire passer en priorité l'intérêt du débiteur du passage (se protéger) ou celui du bénéficiaire du passage (ne pas subir un passage plus incommode) ?
Dans les faits, les tribunaux apprécient au cas par cas, en fonction des circonstances, le fait de savoir si la pose d'un portail ou d'un cadenas rend ou non l'exercice du droit de passage plus difficile. L'installation d'un portail dont les clés avaient pourtant été remises au bénéficiaire du passage a ainsi été jugée abusive par certains tribunaux, tandis que

La disparition du droit de passage

Le Code civil énumère limitativement les causes d'extinction des servitudes *(art. 703 et s. du Code civil).* La servitude peut cesser lorsqu'il n'est plus possible de l'exercer. Par exemple, une servitude de passage conventionnelle instituée pour permettre au propriétaire du fond dominant d'accéder à un atelier cesse si l'atelier est ultérieurement cédé à un tiers *(Cass. civ. 3e du 9.07.03, n° 01-00876).* Elle s'éteint aussi lorsque le fond à qui elle est due et le fond de celui qui la doit sont réunis entre les mains du même propriétaire. Sachez enfin que la servitude peut également s'éteindre ou voir son assiette être réduite *(Cass. Civ. 3e du 17.05.18, n° 17-18234)* si elle n'est pas utilisée pendant 30 ans *(Cass. civ. 3e du 15.04.08, n° 07-13886).* En cas de litige, c'est à celui qui réclame le maintien de la servitude de prouver qu'il l'a exercée depuis moins de trente ans pour en empêcher l'extinction.

d'autres ont estimé que l'usage de la servitude n'était pas diminué dans la mesure où le bénéficiaire de la servitude s'était vu remettre une télécommande pour l'ouverture du portail *(Cass. Civ. 3e du 23.6.2016, n° 15-16224)*. Les résultats d'un procès étant particulièrement aléatoires, le propriétaire qui envisage la mise en place d'un dispositif de fermeture aura intérêt à en parler à l'avance avec le bénéficiaire du passage, afin de tenter de se mettre d'accord.

La servitude de tour d'échelle

La servitude de tour d'échelle n'est pas prévue par la loi, son établissement ne peut résulter que d'une convention. Elle a été élaborée par les tribunaux pour apporter une réponse spécifique à des problèmes très concrets : édifier, réparer et entretenir des constructions situées en limite de propriété. Par exemple, si, pour entretenir ou réparer le mur pignon de votre maison situé sur cette limite, vous êtes dans l'obligation de pénétrer chez votre voisin et d'installer une échelle, voire d'édifier un échafaudage sur son terrain, vous pouvez alors bénéficier d'un droit de passage temporaire spécifique. Cette servitude est appelée « le tour d'échelle ». Il en va de même si vous surplombez le terrain de votre voisin avec un échafaudage volant. En effet, « l'espace aérien » situé au-dessus d'un bien appartient au propriétaire du sol (un propriétaire peut refuser, par exemple, qu'une grue placée sur un chantier voisin manœuvre au-dessus de son terrain). Votre voisin est a priori en droit de vous refuser l'accès à sa propriété. Mais, en pratique, le juge peut autoriser le passage si ce refus n'est pas justifié. En effet, les tribunaux considèrent qu'un propriétaire ne peut pas s'opposer à l'installation d'un échafaudage sur son terrain pour la réparation de la toiture voisine, sans commettre un abus du droit de propriété *(Cass. civ. 3e du 15.2.12, n° 10-22899)*. Il s'agit là d'un inconvénient normal de voisinage.

Un accord préalable est nécessaire

La première chose à faire est de contacter votre voisin pour obtenir son accord (voir modèle de lettre, p. 200). Vous n'avez aucunement le droit de pénétrer d'office sur son terrain ni de commencer les travaux sans son autorisation préalable. S'il est d'accord, il vous reste encore à arrêter les conditions du passage : dates et heures, durée, précautions à prendre pour ne pas endommager la propriété occupée, modalités de réparation des éventuels dégâts, voire indemnité d'occupation pour la privation de jouissance (si votre voisin ne peut plus profiter de son jardin pendant les travaux, par exemple). Lorsque des travaux importants impliquent l'utilisation de gros engins, il est recommandé de demander à un huissier d'établir un état des lieux avant le commencement du chantier. Un nouvel état des lieux sera rédigé à la fin des travaux, si des dégradations sont constatées. Cette formalité permettra de comparer l'état de la propriété avant et après les travaux, et de chiffrer plus aisément le montant des éventuels dédommagements (dégradation de végétaux, détérioration de la clôture…).

Saisir le tribunal à défaut d'accord

Si votre voisin vous refuse l'accès de sa propriété, vous devez saisir le tribunal de grande instance (TGI). Vous avez alors intérêt à

Tour d'échelle et constructions neuves

En principe, les travaux pour lesquels le tour d'échelle est invoqué doivent porter sur une construction existante et ne pas être liés à l'édification d'une construction nouvelle. En effet, on considère que, chacun étant maître chez soi, il faut prendre ses dispositions pour que la construction que l'on entreprend soit réalisée à partir de chez soi, sans avoir à pénétrer chez le voisin. Plusieurs réponses ministérielles récentes viennent confirmer ce principe, en soulignant que « la jurisprudence, d'interprétation stricte, considère la servitude comme un droit portant atteinte à la propriété et paraît la réserver aux seules réparations sur des constructions existantes » *(Rép. min. Q n° 01316, JO Sénat du 28.2.08 p. 387)*. Toutefois, il ne s'agit là que du point de vue de l'administration. Les tribunaux restent libres d'accorder ou de refuser le droit de passage pour une construction nouvelle. Un accès à la propriété a, par exemple, été accordé pour la réalisation d'un enduit extérieur sur l'extension récente d'une villa *(CA Nîmes du 4.9.14 n°13/04663)*. A ce jour, la Cour de cassation ne s'est pas encore prononcé sur ce point.

introduire une action « en référé » auprès du président du TGI. Il s'agit d'une procédure d'urgence qui permet d'obtenir une décision rapide. Vous pouvez ainsi demander au magistrat de vous autoriser à pénétrer chez votre voisin pendant la durée des travaux *(Cass. civ. 2e du 8.1.92, n° 90-17870)*, au besoin sous astreinte, c'est-à-dire moyennant le paiement d'une somme par jour de retard (50 €, par exemple). En référé, l'intervention d'un avocat n'est pas obligatoire, mais dans les faits, il est préférable d'en prendre un.

Le tribunal n'accorde le tour d'échelle que lorsque plusieurs conditions sont réunies. En premier lieu, les travaux doivent revêtir une certaine importance. Par exemple, des fissures apparues sur le mur pignon qui risqueraient, à terme, de provoquer des infiltrations ou bien un ravalement qui n'a pas été effectué depuis longtemps. En outre, il doit être techniquement impossible d'exécuter les réparations à partir de votre propre terrain. Notez que, même si la maison comporte une terrasse à partir de laquelle on peut glisser un échafaudage mobile le long du mur sur lequel portent les travaux – donc sans pénétrer chez le voisin –, il y a surplomb. L'autorisation du voisin doit là aussi être sollicitée et obtenue, ou, à défaut, demandée au juge.

L'autorisation est purement temporaire. L'autorisation judiciaire d'accéder à la propriété voisine sera limitée dans le temps (tant de jours, et entre telle et telle heure) et dans l'espace (par exemple, le chantier ne pourra pas s'étendre au-delà d'une distance de 3 mètres à partir du mur). L'autorisation de passer chez le voisin ne donne donc pas le droit d'occuper librement son terrain. Si l'occupation du terrain voisin doit être d'une durée étendue (par exemple, en cas de ravalement de la façade d'un immeuble de plusieurs étages), et causer un important trouble de jouissance (encombrement, bruits...) au propriétaire qui subit le tour d'échelle, une indemnité peut être accordée par le juge (par jour de privation de jouissance).

> + S'il y a, entre la limite séparative et le mur à réparer, **un espace suffisant pour le passage des ouvriers** et la pose d'un échafaudage ou d'une échelle, le tour d'échelle peut être refusé.

Le passage pour la pêche ou la chasse

Une réglementation spécifique a été mise en place afin de concilier les droits de chacun sur sa propriété privée et la possibilité d'exercer une activité de chasse ou de pêche.

Le droit de passage pour la pêche

En principe, si votre terrain est traversé par un cours d'eau non domanial, c'est-à-dire n'appartenant pas à l'État, ou bien si vous possédez un étang, vous pouvez interdire à des tiers de venir y pêcher – ou se promener – *(art. 544 du Code civil)*. En revanche, si vous avez concédé le droit de pêche à une association agréée de pêche et de protection des milieux aquatiques (AAPPMA), les membres de l'association ont le droit de venir pêcher dans les eaux qui traversent votre propriété (voir p. 120). Si votre propriété est traversée par un cours d'eau domanial (ou un plan d'eau domanial), vous êtes tenu de laisser à l'usage des pêcheurs un espace libre de 3,25 m le long de la rive. Cet espace peut cependant être réduit jusqu'à 1,50 mètre, voire supprimé, par décision administrative *(art. L. 2131-2 et L 2131-3 du Code général de la propriété des personnes publiques)*.

> **+** Lorsqu'un cours d'eau sépare deux terrains, **chaque propriétaire riverain a le droit d'y pêcher**, jusqu'au milieu du cours d'eau *(art. L. 435-4 du Code de l'environnement)*.

Le droit de passage des chasseurs

Nul n'a la faculté de chasser sur la propriété d'autrui sans le consentement du propriétaire *(art. L. 422-1 du Code de l'environnement)*. En pratique, cependant, la loi du 10 juillet 1964, dite « loi Verdeille » permet de chasser sur le terrain d'autrui. Cette loi a été très critiquée, comme portant atteinte au droit de propriété. Elle permet en effet de regrouper les territoires de chasse d'une commune au sein d'une association communale de chasse agréée (Acca). Les Acca sont créées pour des périodes successives de 5 ans. Elles existent dans de nombreux départements (dans certains d'entre eux, elles sont même obligatoires). La création d'une Acca a notamment pour conséquence le transfert à l'association des droits de chasse sur les terrains inclus automatiquement dans le territoire de l'association. Concrètement, cela signifie que les propriétaires privés dont les terrains sont inclus dans ce territoire doivent laisser passer les chasseurs.

Des terrains sont interdits aux chasseurs. Certaines parcelles sont automatiquement exclues du territoire de l'Acca. Les chasseurs ne peuvent donc pas y pénétrer. C'est tout d'abord le cas des terrains situés dans un rayon de 150 mètres autour des habitations. Il en va de même pour les propriétés complètement closes, dès lors que cette clôture empêche toute communication avec les propriétés voisines ainsi que le passage des personnes et du gibier à poil. En outre, certains propriétaires peuvent demander à ce que leur propriété soit exclue du territoire de l'Acca. Cela concerne les terrains d'un seul tenant dont la superficie est supérieure à 20 hectares. Il existe cependant des dérogations pour le gibier d'eau et les terrains de montagne, notamment.

On peut refuser la chasse sur sa propriété pour des raisons morales. Un propriétaire opposé à la chasse par conviction peut demander à ce que ses terrains soient exclus du territoire de l'Acca *(art. L. 422.10, 5° du Code de l'environnement)*. Il doit faire part de cette opposition au préfet au moins 6 mois avant la fin de la période de 5 ans en cours (période d'existence de l'Acca). L'opposition à la chasse se fait par lettre recommandée avec avis de réception. Elle doit concerner l'ensemble des terrains du demandeur, lequel s'interdit aussi d'y chasser. L'interdiction de chasser doit être clairement signalée par des panneaux. En cas de changement de propriétaire, le nouveau possesseur peut maintenir l'opposition en raison de ses convictions personnelles. Il doit agir dans un délai de six mois à compter du changement. Sinon, ses terrains seront réintégrés dans le territoire de l'Acca.

EAUX PLUVIALES ET EAUX DE SOURCES

L'épanchement des eaux naturelles

Tout propriétaire est amené à supporter les contraintes liées à la présence d'eau sur son terrain. Parce que les eaux « naturelles » (eaux de pluie, provenant de la fonte des neiges…) circulent librement en ruisselant le long du relief, le Code civil a logiquement prévu que les terrains en contrebas devaient supporter l'eau provenant naturellement des terrains situés plus haut. Tout propriétaire a donc l'obligation de recevoir sur son terrain (les textes disent son « fonds ») les eaux qui proviennent, par un écoulement naturel, des terrains situés plus haut. Par ailleurs, l'épanchement des eaux de pluie est soumis à une réglementation spécifique : ainsi, le propriétaire d'une construction doit empêcher l'eau de pluie qui ruisselle sur son toit de tomber directement sur la propriété voisine, même si la construction est édifiée à la limite de la propriété voisine.

Les eaux de ruissellement

L'écoulement naturel de l'eau est une servitude que les terrains situés en contrebas (les fonds « inférieurs ») doivent supporter *(art. 640 du Code civil)*. Cette règle s'applique pour toutes les eaux naturelles : eau de pluie, de source, ou celle provenant de la fonte des neiges… En revanche, elle ne joue pas pour l'écoulement des eaux usées, des eaux industrielles, ni pour celles provenant du débordement d'un cours d'eau *(Cass. civ. 3e du 18.3.87, n° 85-17752)*.

Une servitude imposée par la nature des lieux

La servitude d'écoulement naturel des eaux est une servitude privée, imposée par la nature des lieux et établie par la loi. Il n'est donc pas nécessaire qu'un accord intervienne entre les propriétaires des terrains supérieurs et inférieurs pour qu'elle existe. Elle a la nature d'une servitude apparente (voir p. 55). Dès lors, lorsqu'un propriétaire vend son fonds à un nouvel acquéreur, il n'a pas à mentionner cette servitude dans l'acte de vente *(Cass. Civ. 3e du 23.3.2017, n° 15-15266)*. Cette servitude est très générale : elle s'applique aussi bien à la ville qu'à la campagne, aux terrains bâtis qu'aux terrains non bâtis. Enfin, il importe peu que les terrains soient séparés par une voie publique ou privée. Par ailleurs, cette servitude « naturelle » ne permet absolument pas au propriétaire qui la subit d'obtenir une indemnité des propriétaires des fonds supérieurs. Ainsi, le propriétaire d'un terrain en contrebas ne peut prétendre à se faire indemniser par celui du terrain supérieur, ni suite à des dommages causés à son bâtiment par le ruissellement naturel des eaux de pluies *(Cass. civ. 3e du 2.2.00, n° 97-14935)*, ni à titre de participation aux frais d'aménagement d'un caniveau destiné à limiter ces dommages *(Cass. civ. 3e du 14.12.83, n° 82-14476)*. Une indemnisation ne pourrait intervenir que si le propriétaire du fonds supérieur réalisait des aménagements et utilisait les eaux de ruissellement de telle sorte qu'il aggrave la servitude *(art. 641 du Code civil)*. Sachez toutefois que la servitude ne peut en aucun cas être aggravée lorsqu'elle est subie par les maisons, cours, jardins, parcs et enclos attenants aux habitations. Cette obligation générale de recevoir chez soi les eaux naturelles entraîne deux conséquences : le propriétaire du fonds inférieur ne doit pas empêcher cet écoulement, et, en contrepartie, le propriétaire du fonds supérieur ne doit rien faire qui aggrave cette servitude.

Les droits et devoirs du propriétaire du terrain inférieur

Le propriétaire du fonds inférieur ne doit pas empêcher l'écoulement de l'eau en modifiant son terrain ou en prévoyant des dispositifs qui renverraient l'eau vers le terrain supérieur ou vers d'autres terrains voisins *(art. 640 du Code civil)*. Ainsi, un propriétaire qui avait construit une digue sur son terrain a été condamné à remettre les lieux en l'état antérieur *(Cass. civ. 3e du 18.7.95, n° 93-19149)*. Cependant, le propriétaire du fonds inférieur a le droit d'aménager son terrain afin de rendre l'écoulement le moins gênant possible, sous réserve de ne pas causer de dommages au fonds supérieur *(Cass. civ. 3e du 13.11.70, n° 68-14247)*. Il lui est ainsi permis de clore son terrain dans sa partie haute (du côté du terrain du dessus) dès lors que des orifices sont prévus dans la clôture afin que l'écoulement des eaux s'effectue sans dommages pour le terrain supérieur.

> **+** Cette servitude **ne s'étend pas au débordement des fleuves et des rivières** : un propriétaire peut donc construire des digues pour se protéger contre les inondations.

Les droits et devoirs du propriétaire du terrain supérieur

De son côté, le propriétaire du terrain supérieur ne doit rien faire qui aggrave la servitude pesant sur le fonds inférieur. Il ne peut réaliser des aménagements qui canaliseraient les eaux pluviales et les feraient arriver abondamment et rapidement sur le fonds inférieur. Aggrave ainsi la servitude d'écoulement naturel le propriétaire qui installe des canalisations recueillant non seulement les eaux pluviales provenant de son terrain, mais également celles de la voirie et d'autres maisons du lotissement *(Cass. civ. 3e du 16.10.12, n° 11-20592)*. Les juges ont également condamné un propriétaire qui avait édifié un mur séparatif faisant obstacle à l'écoulement naturel des eaux et provoquant des rétentions d'eau remontant par capillarité dans les murs du voisin *(CA de Montpellier, 1re ch., sect. B, du 25.1.12, n° 10/09709)*. Le déversement, avec les eaux pluviales, d'eau provenant du lavage de camions d'une entreprise a aussi été considéré comme une aggravation de la servitude, de même que le fait de rejeter les eaux pluviales et usées d'une maison de retraite dans le ruisseau traversant les terrains situés en contrebas. Quant au propriétaire du fond inférieur victime d'une aggravation de la servitude d'écoulement, il ne peut pas être contraint d'accepter la réalisation d'un ouvrage sur son propre fond afin de remédier à l'aggravation causée par son voisin *(Cass. civ. 3e du 29.09.10, n° 09-69608)*.
Notez que s'il ne doit rien faire qui aggrave les contraintes pesant sur son voisin, le propriétaire du fonds supérieur a toutefois le droit de disposer des eaux pluviales qui sont tombées sur sa propriété. Il peut ainsi capter et stocker ces eaux dans une citerne ou dans un réservoir.

Les eaux pluviales tombant des toits

Tout propriétaire d'une construction doit faire en sorte que les eaux de pluie qui ruissellent sur le toit de sa construction soient évacuées sur son propre terrain et non directement sur la propriété voisine *(art. 681 du Code civil)*. Cela ne veut pas dire que les eaux pluviales ne peuvent pas, au final, s'écouler sur le terrain du voisin ; mais cela signifie que le propriétaire d'une construction doit faire en sorte que les eaux de pluie ruisselant sur son toit tombent, au préalable, sur le sol de sa propriété avant de s'écouler librement sur le fonds voisin.

La construction se trouve en milieu de terrain

Ce principe ne pose pas de problème dès lors que la construction se trouve au milieu du terrain : dans ce cas, les eaux pluviales provenant du toit tombent sur le sol du propriétaire de la construction et s'écoulent ensuite naturellement. En application de la règle que nous avons examinée précédemment, le propriétaire du terrain situé en contrebas doit supporter cet écoulement naturel (voir p. 105). De même, si les eaux pluviales tombent du toit sur la voie publique, et s'écoulent ensuite sur le fonds inférieur, le propriétaire du terrain supérieur n'est pas responsable, même si ces eaux rejaillissent sur le mur de la propriété voisine *(Cass. civ. 3e du 11.5.76, n° 75-10074).*

L'utilisation de l'eau est souvent restreinte en cas de sécheresse

Pour faire face à une insuffisance éventuelle de la ressource en eau, les préfets ont la possibilité de prendre des mesures exceptionnelles de limitation ou de suspension des prélèvements de l'eau *(art. L. 211-3 II du Code de l'environnement).* Les préfets ont des pouvoirs très étendus en la matière. Les interdictions peuvent ainsi concerner toutes les sources d'alimentation en eau : ruisseaux, rivières, étangs, mares, sources naturelles ou puisées... *(art. R. 211-66 à R. 211-70 du Code de l'environnement ; circulaire n° 92-83 du 15.10.92, BO du ministère de l'Équipement, n° 59-93/1 du 20.01.93).* Ces mesures doivent être progressives, appropriées au but recherché, suffisantes au vu de la gravité de la situation, et ne peuvent être prescrites que pour une période limitée (qui est en revanche renouvelable). Elles peuvent, par exemple, interdire l'arrosage des espaces verts publics et privés de 8 heures à 20 heures, des potagers, des espaces sportifs et des golfs de 11 heures à 18 heures ; interdire de remplir les piscines privées ; et interdire l'irrigation de 10 heures à 20 heures. Les personnes qui ne respectent pas ces restrictions sont passibles d'une amende de 1 500 € (contravention de 5e classe, *art. 6 du décret de 1992).* Les arrêtés peuvent être consultés sur le site http://propluvia.developpement-durable.gouv.fr.

La construction se trouve en limite de propriété

Lorsqu'une construction est édifiée à la limite d'une propriété voisine, le propriétaire du bâtiment doit aussi recueillir les eaux du toit sur son fonds : on parle de servitude « d'égout de toit » *(art. 681 du Code civil)*. Dans cette hypothèse, la règle qui consiste à empêcher l'eau de tomber sur le terrain voisin s'avère parfois difficile à appliquer, la gouttière destinée à collecter l'eau ne devant pas, en principe, dépasser la limite séparative et surplomber le fonds voisin (voir schéma ci-dessous). Ainsi, dans notre premier schéma, le propriétaire B peut exiger de A qu'il déplace la gouttière en surplomb sur sa propriété, même si cela entraîne une modification du toit. Mais attention : dans une telle situation, si le propriétaire B laissait passer 30 ans sans réagir, le propriétaire A acquerrait une « servitude de surplomb », servitude qui grèverait donc le fonds de B *(Cass. civ. 3e du 15.09.10, n° 09-16823)*.

Cette servitude de surplomb peut également résulter d'un titre ou de la « destination du père de famille », mode particulier de création d'une servitude : celle-ci naît lorsque le propriétaire d'un terrain le subdivise et en cède une part à un tiers (voir p. 56). Supposons que le propriétaire d'un bâtiment ait aménagé une gouttière, et partage par la suite sa propriété en vendant les lots séparément : les acquéreurs devront respecter l'aménagement des gouttières.

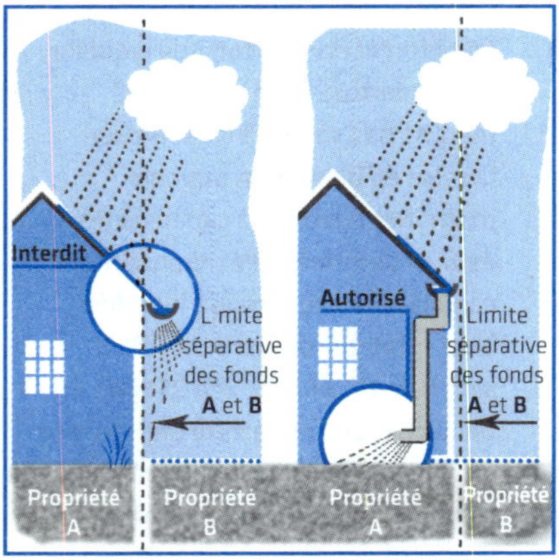

Notez qu'en cas d'incertitude sur la limite entre les deux propriétés et, sauf preuve contraire, le propriétaire de la construction est présumé propriétaire de l'espace de terrain situé sous la gouttière lorsque celle-ci fait saillie.

Les eaux de source

Quand une source jaillit (naturellement ou après des fouilles), elle appartient au propriétaire du terrain *(art. 642 du Code civil).* Il peut donc user librement de son eau, mais il a toutefois l'obligation de laisser les habitants de la commune puiser à la source en cas de nécessité.

Le propriétaire du terrain est propriétaire de l'eau

Le propriétaire du terrain sur lequel jaillit une source dispose d'un véritable droit de propriété sur l'eau, avec tous les attributs de ce droit. Il peut ainsi utiliser l'eau de la source pour tous les usages, domestiques, agricoles et industriels. Il peut capter entièrement cette source, et n'est donc pas obligé de la laisser couler sur les terrains inférieurs (sous réserve des droits des habitants de la commune, voir ci-contre). En sens inverse, même s'il a utilisé entièrement cette

Un voisin peut acquérir le droit d'usage d'une source

Si, depuis 30 ans, le propriétaire d'un terrain situé en contrebas de celui sur lequel jaillit une source a réalisé des ouvrages d'amenée d'eau vers son fonds, il a acquis une servitude d'usage de l'eau de la source. Le propriétaire de cette source peut certes utiliser l'eau, mais de telle sorte que cet usage ne cause pas un préjudice au fonds inférieur. Ainsi, il ne peut plus capter entièrement cette eau ni détourner son écoulement naturel. Pour bénéficier de la servitude, les ouvrages d'amenée d'eau doivent être visibles et apparents. Par exemple, la simple présence d'une cuve enterrée, signalée par une plaque de béton et dans le fond de laquelle une ouverture a été pratiquée, peut ne pas suffire à caractériser la mise en place d'un ouvrage permanent destiné à canaliser les eaux et démontrer l'existence d'une canalisation souterraine installée à cet effet *(CA de Toulouse, 1re ch. sect.1, du 07.03.11, n° 09/05804)*. En revanche, une ouverture dans le mur de clôture du terrain où se trouve la source constitue un ouvrage apparent et permanent, et donne droit à la servitude.

eau pendant plusieurs années, il peut décider de la laisser couler librement à nouveau sur les terrains inférieurs, qui supporteront alors la servitude d'écoulement naturel de l'eau *(art. 640 du Code civil)*. Il peut aussi modifier l'écoulement naturel de cette eau sans que les propriétaires des fonds inférieurs puissent s'y opposer, sauf à démontrer l'existence d'un préjudice. Enfin, il peut en disposer en faveur d'un tiers, par exemple en la vendant à un propriétaire voisin. Cependant, si la source a un débit suffisant pour donner naissance à un ruisseau constituant le début d'un vrai cours d'eau, le propriétaire du terrain où jaillit la source doit alors respecter cet écoulement naturel *(art. 643 du Code civil)*. L'eau n'est plus sa propriété : elle devient une « chose commune », c'est-à-dire appartenant à tout le monde, comme toute eau courante (voir p. 117). Dans ce cas, le propriétaire du terrain a encore sur l'eau un droit d'usage pour ses besoins domestiques, agricoles ou industriels, mais il ne peut plus la détourner au préjudice des terrains inférieurs.

Les habitants de la commune ont un droit sur l'eau de la source

Le propriétaire d'une source ne peut s'en servir de manière à en priver les habitants d'une commune, d'un village ou d'un hameau, dès lors que l'eau de cette source est nécessaire à leurs besoins *(art. 642 al. 3 du Code civil)*. L'eau peut alors être utilisée pour l'usage personnel des habitants de la commune (et non pas au bénéfice d'une personne isolée) et de leurs animaux. En revanche, la servitude est exclue pour des besoins agricoles, l'irrigation des cultures ou un usage industriel. **L'eau de la source doit être indispensable,** et pas seulement utile ou plus commode ou agréable aux habitants de la commune. On le voit, il doit y avoir une sorte d'urgence, une nécessité absolue à laisser les habitants de la commune utiliser l'eau, qui est la propriété exclusive du propriétaire du terrain. C'est le tribunal, saisi lors d'un litige, qui détermine au cas par cas s'il y a ou non un état de nécessité. Ainsi, les tribunaux ont sanctionné une commune qui, en

> **+** La servitude **ne s'applique pas aux puits, étangs ou mares** : une source et une eau courante sont nécessaires.

l'absence d'état de nécessité, avait réalisé sur un terrain privé des travaux de dérivation et de captage des eaux de source. De tels agissements constituent une voie de fait et la commune a été condamnée à cesser les prélèvements et à indemniser le propriétaire du terrain du préjudice résultant du tarissement de la source *(Cass. civ. 3e du 21.2.01, n° 99-10532)*.

Les habitants ont le droit d'accéder librement à l'eau de la source, mais ils ne bénéficient pas d'un droit de passage au sens juridique, leur permettant de pénétrer à volonté sur le fonds sur lequel elle se trouve. Cependant, si son propriétaire décide de clore son terrain, il doit remettre au maire de la commune un double de la clé fermant l'accès de la source afin de permettre aux habitants d'y accéder. Le propriétaire de la source a droit à une indemnité payée par l'ensemble des habitants de la commune. Son montant est fixé par un expert. Celui-ci doit tenir compte, non pas de l'avantage retiré par la commune, mais du préjudice subi par le propriétaire de la source. Toutefois, si le propriétaire de la source ne réclame pas d'indemnité à la commune dans les 30 ans suivant le début des prélèvements d'eau par les habitants, il ne peut plus exercer aucune demande.

L'aménagement des canalisations d'eau

Toute personne ayant besoin d'amener de l'eau pour irriguer des terres agricoles, ou plus généralement pour répondre à des besoins d'alimentation en eau potable, a le droit de réaliser des canalisations souterraines passant dans les terrains voisins. Le droit d'aménager au mieux un système d'irrigation conduit donc à l'existence de deux servitudes de passage de l'eau pesant sur les propriétés traversées : une servitude « d'aqueduc » et une servitude « d'écoulement des eaux ».

La servitude d'aqueduc

Il s'agit d'une servitude légale et apparente autorisant le passage de canalisations souterraines dans les fonds voisins pour amener sur un terrain l'eau nécessaire aux besoins de son propriétaire *(art. L. 152-14 du Code rural)*. Cette servitude était destinée, au départ, à permettre l'alimentation en eau des exploitations agricoles. Elle a été progressivement étendue à tous les autres usages (industriels, domestiques).

Ses conditions d'application

Elle s'applique à toutes sortes d'eaux : pluviales, de source, d'étang, de bassin, puisées… Il n'est pas nécessaire d'être directement voisin du point d'eau pour bénéficier de cette servitude : en d'autres termes, les canalisations peuvent traverser plusieurs propriétés pour arriver à celle qui en a besoin. La servitude peut ainsi s'établir sur toute propriété bâtie ou non bâtie, exception faite des habitations et des cours et jardins attenants à des habitations. Notez que la transformation d'un terrain supportant cette servitude en jardin attenant à une habitation ne remet pas en cause la servitude d'aqueduc qui préexistait au changement *(Cass. civ. 3e du 17.7.97, n° 95-14821)*.

> Les terrains **appartenant au domaine public**, y compris les routes, rues et chemins ne sont pas soumis à la servitude d'aqueduc.

Sa mise en œuvre n'est pas automatique

Elle nécessite un accord entre le propriétaire bénéficiaire et le (ou les) propriétaire(s) des terrains traversés. À défaut d'accord amiable, sur le tracé de la canalisation par exemple, le bénéficiaire de la servitude doit saisir le tribunal d'instance qui le fixera. Si l'une des parties n'est pas satisfaite, elle peut faire appel de cette décision. Les tribunaux doivent tenir compte des intérêts de l'agriculture, sans pour autant négliger les droits des propriétaires. La demande ne peut émaner que du propriétaire du fonds à alimenter en eau, et non de son locataire, fermier ou usufruitier (même si, au final, c'est ce dernier qui en bénéficiera). En contrepartie de la possibilité de traverser les terrains voisins, le bénéficiaire de la servitude doit verser une indemnité à leurs propriétaires, dont le montant est fixé d'un commun accord ou par le tribunal d'instance. Cette somme tient compte, en principe, des dommages causés au terrain qui subit la servitude, ainsi que de la moins-value subie par ce dernier. Elle consiste en un capital versé en une seule fois, avant le commencement des travaux d'irrigation, et ne peut donc prendre la forme de redevances annuelles. L'indemnité est proportionnelle au dommage subi par le propriétaire du terrain traversé. Une fois l'indemnité versée, le propriétaire du terrain à irriguer réalise à ses frais les travaux et bénéficie d'un droit de passage pour procéder à l'entretien ou à la réparation de la canalisation. L'aqueduc appartient à celui qui l'a fait construire.

La servitude d'écoulement des eaux

Cette servitude est, en fait, le pendant de la précédente. Les propriétaires des fonds inférieurs doivent, en effet, laisser passer sur leurs terres l'eau provenant des terrains bénéficiaires de la servitude d'aqueduc *(art. L 152-15 du Code rural)*. Ils doivent donc supporter l'eau coulant des terres agricoles arrosées grâce aux canaux d'irrigation ou les eaux usées en canalisation provenant des habitations desservies par l'alimentation en eau potable. Toutefois, cette servitude ne s'applique pas aux maisons, cours, jardins, et parcs attenants aux habitations, ni au domaine public *(Cass. Civ. 3e du 31.3.2016, n° 14-22259)*. Il ne faut pas confondre cette servitude avec la servitude d'écoulement des eaux naturelles (voir p. 104), pour laquelle c'est le terrain situé en dessous du terrain bénéficiaire, en fonction de la pente du relief, qui doit supporter l'écoulement naturel de l'eau. Ici, la servitude s'applique à tous les terrains, et pas seulement à ceux qui supportent l'écoulement naturel en fonction de la déclivité du sol. De plus, alors que la servitude d'écoulement des eaux naturelles est automatique, celle-ci nécessite soit un accord amiable des propriétaires concernés, soit, à défaut, une autorisation du tribunal d'instance. Enfin, elle ouvre droit à une indemnité réglée en capital (alors que la servitude d'écoulement des eaux naturelles ne peut donner lieu à aucune indemnisation).

+ L'indemnité **n'est pas automatique**. Elle n'est versée que si le propriétaire du terrain démontre qu'il subit un réel préjudice.

LES RIVERAINS D'UN COURS D'EAU OU DU LITTORAL

Être riverain d'un cours d'eau

Un cours d'eau peut être domanial ou privé. Les cours d'eau domaniaux appartiennent à l'État. Ce sont principalement les voies navigables (les rivières, fleuves et canaux), sur lesquelles des embarcations importantes, comme des péniches ou des remorqueurs, peuvent circuler. En font également partie les voies flottables, c'est-à-dire supportant le flottage de radeaux ou de trains de bois. Il existe cependant des eaux qui, bien que n'étant ni navigables ni flottables, font partie du domaine public. Pour connaître avec exactitude le classement d'un cours d'eau (domanial ou privé), il est donc indispensable de se renseigner auprès de la Direction départementale de l'équipement (DDE). Les cours d'eau privés représentent environ 273 000 km en France, et appartiennent à divers propriétaires privés.

Les prérogatives des riverains d'un cours d'eau privé

Quand un cours d'eau est privé, cela ne signifie pas que son propriétaire peut faire ce qu'il veut. Son droit de propriété s'applique uniquement sur le lit de la rivière et non sur l'eau elle-même (qui appartient à tout le monde).

À qui appartient le lit de la rivière ?

Lorsqu'une rivière traverse une propriété privée, tout son lit appartient au propriétaire du terrain. Le propriétaire des rives est ici libre de déplacer le lit du cours d'eau, à condition toutefois de le maintenir à son emplacement initial en limite de propriété, en aval. En revanche, si la rivière sépare deux propriétés privées différentes, le lit appartient pour moitié à chaque riverain en suivant une ligne qui passe au milieu du lit *(art. L 215-2 du Code de l'environnement)*. Il peut arriver que le lit se déplace avec le temps (par exemple dans un méandre) : dans ce cas, la ligne dite « divisoire » se déplacera aussi. Le propriétaire du terrain sur lequel le

> **+** Les propriétaires ont la possibilité **pendant un an suivant le changement de configuration de l'eau**, de prendre les mesures nécessaires pour rétablir l'ancien lit *(art. L 215-4 du Code de l'environnement)*.

nouveau lit s'établit doit alors supporter ce déplacement. Il ne peut demander à son voisin, qui voit son terrain s'agrandir, le versement d'une indemnité.

L'eau appartient à tout le monde

Qu'ils soient domaniaux ou privés, tous les cours d'eau ont un point commun : leur eau est une « chose commune », en ce sens qu'elle n'appartient à personne mais que son usage est ouvert à tous (contrairement à l'eau d'une source, qui est la propriété privée du propriétaire du terrain, voir le chapitre 7). Comme le précise le Code de l'environnement : « L'eau est le patrimoine de la nation. » *(art. L. 210-1)*. En théorie, un tiers pourrait donc utiliser l'eau d'un cours d'eau privé, mais, comme il ne peut pénétrer dans une propriété privée, cet usage est, en fait, théorique. De même, toute personne peut suivre le cours d'une rivière en bateau ou à la nage, sous réserve de ne pas accoster sur une rive sans l'autorisation du propriétaire, puisque les rives sont propriété privée. Mais là encore, cette faculté est assez théorique, car les propriétaires riverains ont le droit de réaliser un ouvrage le long ou en travers de la rivière. Ils peuvent ainsi installer un barrage, un grillage, extraire vase, sable, pierres… du lit de la rivière, sous ré-

Les riverains d'un cours d'eau ont l'obligation de l'entretenir

Les riverains d'un cours d'eau doivent procéder à son curage, c'est-à-dire extraire du lit les envasements, dépôts et autres matières accumulées. Depuis la loi Barnier du 2 février 1995, ils ont l'obligation formelle de curer régulièrement le lit, d'entretenir la rive par élagage et recépage de la végétation arborée, et d'enlever les embâcles et débris. Ceci afin de maintenir l'écoulement naturel des eaux, mais aussi d'assurer la bonne tenue des berges et de préserver la faune et la flore dans le respect du bon fonctionnement des écosystèmes aquatiques *(art. L. 215-14 du Code de l'environnement)*.

Si le propriétaire ne s'acquitte pas de l'obligation d'entretien régulier qui lui est faite, la commune peut, après une mise en demeure restée infructueuse, y pourvoir d'office en mettant les frais à la charge de l'intéressé.

serve de ne pas causer de préjudice au propriétaire du cours d'eau en aval et de respecter les dispositions réglementaires locales en matière d'eau (en particulier en matière de pollution).

> Chaque propriétaire peut **puiser l'eau pour son usage personnel** (arrosage d'un jardin…), sous réserve de ne pas absorber toute l'eau.
> Ce droit de puisage peut impliquer de réaliser des installations (de pompage, par exemple) : le propriétaire voisin devra alors accepter que les équipements nécessaires à ce puisage s'appuient sur sa propre rive (voir ci-dessous)

La servitude d'appui pour puiser l'eau

Un propriétaire qui possède le droit de disposer de l'eau d'une rivière peut contraindre le propriétaire de la rive opposée à le laisser y appuyer les ouvrages nécessaires à la prise d'eau *(art. L 152-17 du Code rural).* Cette servitude ne s'applique que pour les cours d'eau non domaniaux. Il s'agit, la plupart du temps, d'établir un barrage, un moulin, etc., qui nécessite de prendre appui sur la rive opposée. Le propriétaire de celle-ci ne peut refuser son autorisation. En contrepartie, il a droit à une indemnité préalable, payée en capital. Attention, cette servitude est exclusivement réservée à l'irrigation du terrain ou à l'arrosage d'un jardin. Il n'est pas possible de la demander pour un usage domestique (remplir une piscine) ou industriel (alimenter une usine en eau).De plus, elle ne peut être imposée aux bâtiments, cours et jardins attenants aux habitations. En cas de litiges, le tribunal d'instance est compétent pour déterminer si l'installation et son usage sont légaux, ainsi que pour fixer le montant de l'indemnité.

Les contraintes des riverains d'un cours d'eau domanial

Les eaux domaniales sont celles qui appartiennent au domaine public de l'État ou au domaine public fluvial des collectivités territoriales. L'État ou la collectivité est propriétaire du lit de la rivière et a l'obligation d'entretenir le cours d'eau. Les riverains quant à eux, conservent la propriété des berges et des alluvions, mais l'exercice de leur droit de propriété est limité par la présence d'une servitude de halage et de marchepied *(art. L. 2131-2 du Code général de la propriété des personnes publiques)*. Le halage, moyen de mouvoir les bateaux, tirés par des hommes ou des chevaux depuis le rivage, a nécessité l'aménagement de chemins. La servitude de halage est une servitude d'utilité publique créée en 1669 pour les besoins de la navigation fluviale. Comme celle de marchepied (voir ci-contre), elle ne pèse que sur les riverains du domaine public fluvial, et non sur les riverains d'un cours d'eau privé. Aujourd'hui, ces chemins servent principalement à la promenade, aux pêcheurs et au passage du personnel d'entretien des canaux et des écluses.

La servitude de halage

La servitude de halage porte sur une bande de terrain de 7,80 mètres de large prise sur le terrain longeant le cours d'eau. Le point à partir duquel cette bande est mesurée, depuis le cours d'eau, est la limite du domaine fluvial, c'est-à-dire la hauteur des eaux coulant à pleins bords avant de déborder. Les riverains ne peuvent ni y planter, ni bâtir, ni entreposer d'objets, ni se clore. À cette première bande s'en ajoute une autre de 1,95 mètre, sur laquelle il est interdit de planter des arbres, des

Les étangs peuvent être privés ou appartenir au domaine public

Comme pour les cours d'eau, les étangs peuvent appartenir au domaine public ou être privés. Pour connaître ses droits et obligations, le propriétaire du terrain qui borde ou qui comporte un étang doit donc se renseigner (auprès de la préfecture) sur son caractère public ou privé. Si l'étang fait partie du domaine public, il est soumis aux mêmes règles que les cours d'eaux publics. Les propriétaires doivent ainsi supporter la servitude de marchepied de 3,25 mètres de largeur (voir ci-dessus). En revanche, si l'étang se trouve dans une propriété privée, l'eau appartient au propriétaire du fonds, sauf s'il est alimenté par une rivière. Dans ce cas, l'étang est considéré comme une eau courante, appartenant à tout le monde. Un pêcheur ou un plaisancier peut ainsi s'y promener en barque, mais ne peut accoster sur les rives.

haies, et de se clore. En revanche, il est possible d'installer un banc et des plantes de faible hauteur. Ainsi, les droits des riverains d'un cours d'eau domanial sont limités sur une largeur totale de 9,75 mètres depuis la limite du domaine fluvial (voir schéma ci-dessous).

La servitude de marchepied

La servitude de marchepied, prévue pour permettre les manœuvres des mariniers, se situe sur la rive opposée à la servitude de halage. Le propriétaire du terrain ne doit ni se clore ni planter ou entreposer quoi que ce soit sur une bande de 3,25 mètres, calculée de la même façon que la servitude de halage. Cette distance peut être exceptionnellement réduite à 1,50 mètre, sur décision de l'autorité gestionnaire. L'entretien de ces deux espaces nés des servitudes de halage et de marchepied n'incombe pas au riverain. L'article L. 2131-2 du Code général de la propriété des personnes publiques précise désormais que cet entretien peut être pris en charge par la commune ou un groupement de communes, le département, un syndicat mixte concerné ou une association d'usagers intéressée, après accord avec le propriétaire du domaine public fluvial.

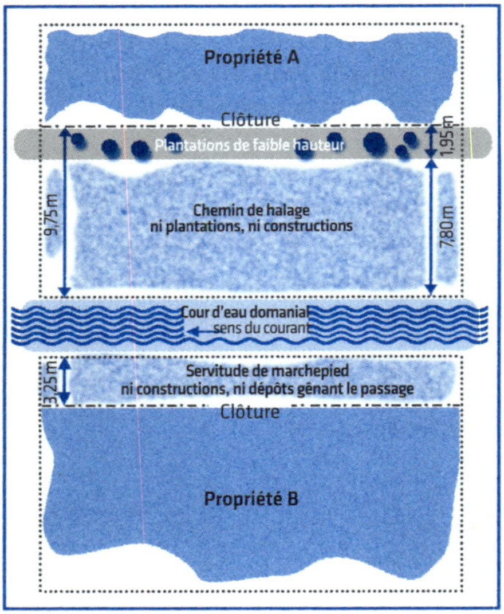

Le droit de passage des pêcheurs

Le droit de pêche dans les cours d'eaux domaniaux appartient à l'État, qui peut le concéder à des associations de pêcheurs. Tout membre d'une telle association et détenteur d'une carte de pêche a le droit d'y pêcher et bénéficie d'un droit de passage le long des rives *(art. L. 435-6 du Code de l'environnement et L. 2131-2 du Code général de la propriété des personnes publiques).* Ainsi, les propriétaires privés riverains d'un cours ou d'un plan d'eau domanial doivent laisser un espace de 3,25 mètres à l'usage des pêcheurs, dite servitude de « marchepied » (voir p. 120). Pour les cours d'eau privés, le passage des pêcheurs nécessite l'autorisation préalable des propriétaires, qui peuvent valablement interdire à tout tiers de pénétrer sur leur propriété privée. Cependant, l'eau appartenant à tous, ils ne peuvent empêcher les pêcheurs de passer en barque et de pêcher, à la condition qu'ils n'immobilisent pas leur embarcation, avec une ancre par exemple, ou qu'ils n'accostent pas sur une rive (ce qui constituerait une atteinte à la propriété privée). Si un riverain a obtenu une subvention publique pour l'entretien du cours d'eau, il doit accorder un accès gratuit, pour une durée maximale de 5 ans, soit à une association agréée de pêche et de protection du milieu aquatique désignée par l'administration, soit à la fédération départementale de pêche *(art. L 435-5 du Code de l'environnement).*

Les particularités du littoral

Toute personne a le droit d'accéder librement à la mer et de circuler le long du rivage. L'accès au littoral des baigneurs, pêcheurs ou promeneurs est assuré, malgré l'existence de propriétés privées jouxtant la mer, par l'existence d'une servitude de passage sur ces dernières. Sur les 4 700 km de littoral français, 1 626 km supportent une servitude de passage. Par ailleurs, pour protéger le littoral et faciliter son libre accès, une bande d'au moins 100 mètres est inconstructible, mais dans les zones non urbanisées seulement.

La servitude de passage le long de la côte

Depuis 1976, les propriétaires riverains du domaine public supportent une servitude appelée « le chemin des douaniers » *(art. L. 121-31 du Code de l'urbanisme)*. Elle est destinée à assurer exclusivement le passage des piétons et à leur permettre de se promener le long du rivage et d'accéder à la plage aux endroits où le bord de mer ne comporte pas de voie publique. Elle ne s'applique que lorsqu'une propriété privée est contiguë au domaine public maritime et ne joue pas si le bord de mer jouxte le domaine public (une route ou une voie ferrée, par exemple). La servitude s'impose automatiquement aux propriétaires privés, sans intervention préalable des autorités administratives, dès lors qu'il n'existe pas d'autre accès à la mer. Cependant, elle doit être inscrite en annexe du plan local d'urbanisme (PLU).

Le tracé du chemin côtier

La servitude est, en principe, de 3 mètres à partir de la limite du domaine public maritime. La limite du domaine public maritime correspond à la partie du rivage couverte par la mer au moment de ses plus hautes eaux, ou dans certains cas à celle des lais et relais (alluvions) de la mer ou encore à la limite des terrains soustraits artificiellement à l'action des flots *(art. R. 121-10 du code de l'urbanisme)*. Ce passage de 3 mètres de large, exclusivement piétonnier, est pris sur les propriétés privées bordant le domaine maritime. Un autre passage peut également être institué pour permettre un accès à la mer, auquel cas le passage n'est plus longitudinal (c'est-à-dire parallèle à la mer) mais transversal (perpendiculaire à la mer). Il s'agit ici de relier à la plage une voie publique existante, mais en retrait. Le passage est alors pris latéralement en limite des propriétés privées (voir schéma p. 125).

Le chemin côtier est tracé en fonction de plusieurs critères. Le passage piétonnier longe, en principe, rigoureusement le littoral mais il peut s'en écarter en raison d'un obstacle au passage des piétons, par exemple un rocher infranchissable, une crevasse importante, un marais. L'État a la responsabilité de la mise en œuvre de la servitude et peut, de ce fait, être tenu pour responsable d'un mauvais choix de tracé, dans une zone dangereuse par exemple *(Rép. min, Q n° 31844, JOAN du 15.5.00 p. 3008)*. Le tracé doit tenir compte tout d'abord des caractéristiques du site traversé : il doit non seulement permettre un accès au littoral, mais aussi, par exemple, éviter les zones instables et les secteurs trop accidentés, assurer la sécurité des promeneurs ou offrir des points de vue intéressants. Le tracé doit, par ailleurs, prendre en considération la tranquillité des propriétaires privés riverains, ainsi que l'ampleur des travaux nécessaires à l'ouverture du sentier (le tracé retenu ne doit pas entraîner des aménagements trop coûteux).

> **+** Le tracé doit **assurer la continuité du cheminement** avec les sentiers littoraux déjà aménagés et avec les circuits de promenade et de randonnée de l'arrière-pays.

La présence d'une habitation peut parfois interrompre le chemin côtier. Il faut distinguer plusieurs hypothèses selon la date de construction de la maison d'habitation. Première hypothèse : si celle-ci a été construite sur un terrain bordant la mer avant janvier 1976, et si elle est clôturée par un mur lui aussi édifié avant janvier 1976, il est impossible d'imposer le passage du chemin côtier à cette propriété. Deuxième hypothèse, la maison d'habitation a été construite avant 1976, mais elle n'est pas entourée d'un mur de clôture (ou il a été édifié plus tard) : le passage du chemin côtier ne peut être réalisé à moins de 15 m de cette maison. Cette distance n'a toutefois pas à être respectée si la construction est un hangar à bateau, un garage, etc. Notez également que cette distance peut être réduite dans certains cas : notamment la préexistence d'un passage ouvert à la libre circulation des piétons *(art. R. 121-14 du code de l'urbanisme)*. Si cette distance ne peut être respectée, le chemin côtier ne

peut pas s'imposer, sauf si l'instauration de la servitude est le seul moyen d'assurer la continuité du cheminement des piétons ou leur libre accès à la mer *(art. L. 121-33 du code de l'urbanisme ; CE, 8e et 9e sous-sect. du 13.3.96, n° 136746)*. Enfin, le droit de passage s'impose systématiquement aux constructions achevées après la date du 1er janvier 1976. La suspension de la servitude est donc possible, mais rare : le chemin côtier s'interrompt notamment en présence d'un port, de cultures marines, d'une installation militaire…
L'usage du chemin côtier est exclusivement piétonnier. Le chemin côtier ne peut servir qu'à un usage exclusivement piétonnier *(art. L. 121-31 ; art R. 121-27 du code de l'urbanisme)*, ce qui exclut tout véhicule et engin, motorisé ou non, comme par exemple les vélos *(CAA de Marseille du 21.4.15, n° 13MA03416)*. Poussettes, fauteuils roulants, planches à voiles ou bateaux légers sont en revanche autorisés. Par ailleurs, les bénéficiaires de la servitude ne disposent que d'un droit de passage et non de stationnement prolongé sur les terrains privés. Par conséquent, le pique-nique est interdit sur le chemin côtier. Le non-respect de ces règles de conduite par un piéton est passible d'une amende de 750 €.

Les contraintes des propriétaires riverains

Les propriétaires supportant la servitude doivent laisser circuler les piétons sur la bande de 3 mètres. Il leur est interdit de construire sur cette bande, de clôturer, de placer des barrières en travers et, plus généralement, de placer tout obstacle contrariant le cheminement des piétons. Toute entrave est passible d'une amende comprise entre 750 € et 1 500 € *(art. R 121-32 du code de l'urbanisme)*. En revanche, les propriétaires ont la possibilité de placer une clôture le long du passage afin d'éviter l'intrusion des piétons dans leur jardin. Ils sont par ailleurs tenus de permettre à l'administration d'établir la signalisation du chemin, ainsi que l'aménagement et l'entretien de celui-ci. Tout propriétaire qui se voit imposer le chemin côtier peut demander au préfet le versement d'une indemnité. Elle n'est due que si le propriétaire subit un dommage direct, matériel et certain. Attention, cette indemnité doit être réclamée dans les 6 mois suivant l'achèvement des travaux, sous peine de forclusion *(CE du 30.09.11, n° 336664)*. En cas de refus ou de désaccord, le conflit relève de la compétence du tribunal administratif. Enfin, la responsabilité civile des propriétaires

Comment s'effectue le passage le long du littoral

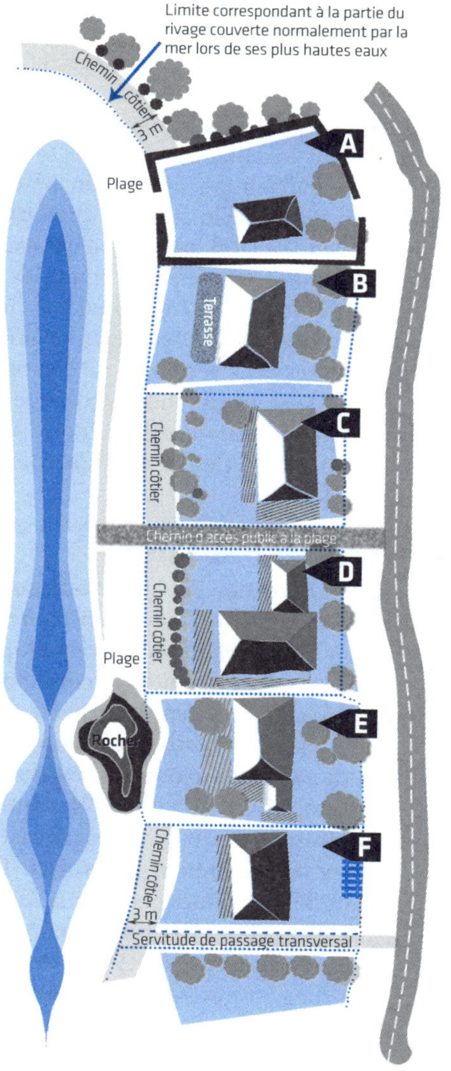

Le chemin côtier est un passage de 3 mètres maximum, réservé aux piétons, que les riverains du littoral doivent laisser sur leur propriété privée *(art. L. 121-31 du code de l'urbanisme)*. L'existence d'un chemin côtier n'autorise pas un promeneur à passer une clôture, même construite illégalement.

A n'a pas l'obligation de laisser passer le chemin côtier sur sa propriété car sa maison a été construite avant 1976 (date d'entrée en vigueur de la loi littoral) et elle est entièrement clôturée par un mur en dur, lui aussi construit avant 1976.

B ne supporte pas non plus le chemin côtier : en effet, la construction de la maison a été achevée avant 1976. Toutefois, le terrain n'étant pas clos par un mur en dur, il aurait dû, en principe, supporter le passage du chemin côtier. Mais comme le bord extérieur de la terrasse est à moins de 15 mètres du tracé idéal du passage du chemin côtier, la servitude est suspendue à hauteur de cette propriété.

C et D en revanche, supportent le chemin côtier car leurs maisons ont été construites après 1976 et leurs terrains ne sont pas clos par un mur en dur datant d'avant 1976. Peu importe la distance entre leurs constructions et la limite du chemin côtier.

E ne doit pas de passage car un obstacle naturel (rocher) rend le cheminement des piétons impossible. Le chemin côtier s'arrête donc à la limite de sa propriété, puis reprend sur le terrain de F.

F doit non seulement supporter le chemin côtier sur sa propriété mais doit aussi laisser un passage (appelé servitude de passage transversal) reliant le rivage à la voie publique. En effet, le chemin d'accès public à la plage le plus proche est situé à plus de 500 mètres.

des terrains sur lequel passe le chemin côtier ne saurait être engagée du fait des dommages causés ou subis par les piétons dès lors que ces propriétaires n'ont rien fait qui soit susceptible de perturber le passage des piétons *(Rép. min, Q n° 31844, JOAN du 15.5.00, p. 3008).*

Une bande de 100 mètres est inconstructible

La protection et l'harmonisation du littoral, ainsi que le souci de mettre un frein à une urbanisation sauvage de la côte, ont amené le législateur à organiser l'urbanisation des côtes. Ainsi, afin de préserver l'accès immédiat au rivage, une bande de 100 mètres à compter de la limite haute du rivage a été créée. Dans cette bande littorale, toutes les constructions ou installations sont interdites *(art. L. 121-16 du code de l'urbanisme).* Le plan local d'urbanisme (PLU) peut porter cette largeur à plus de 100 mètres lorsque des motifs liés à la sensibilité des milieux ou à l'érosion des côtes le justifient.

Attention, l'interdiction de construire s'applique aux espaces non urbanisés, c'est-à-dire aux espaces peu ou pas équipés et situés dans un environnement bâti inexistant ou négligeable. Et dans les espaces urbanisés, les seuls projets qui peuvent déroger à l'interdiction de construire sont ceux qui n'entraînent pas une densification significative de ces espaces *(Conseil d'État du 21.06.18, n° 416564).*

L'interdiction de construire dans la bande des 100 mètres s'applique aussi aux travaux d'extension de bâtiments existants avant l'entrée en vigueur de la loi *(Loi « littoral » du 3.01.86,* JO *du 4).* De même, si le bâtiment est à l'état de ruine du fait d'un abandon ou en raison d'un sinistre, sa reconstruction n'est pas permise. Des travaux visant à assurer la solidité de bâtiments sinistrés sont toutefois envisageables dans la bande des 100 mètres, sous réserve qu'ils ne soient pas totalement détruits ou à l'état de ruines. En revanche, l'interdiction de construire ne s'applique pas aux constructions, aux installations nécessaires à des services publics ou à des activités économiques exigeant la proximité de l'eau. C'est le cas des ateliers de mareyage, des postes de surveillance de la plage ou des hangars-ateliers de réparation navale.

LE RÈGLEMENT DES LITIGES LIÉS À LA PROPRIÉTÉ

Les actions pour régler les conflits liés à la propriété

Le conflit, opposant deux ou plusieurs personnes à propos de la propriété d'un bien immobilier (un terrain, une construction...), est obligatoirement tranché par le tribunal de grande instance (TGI), par une action que l'on appelle « action pétitoire ». Les litiges opposant plusieurs personnes au sujet de la propriété immobilière portent presque toujours sur l'une des situations suivantes : soit une construction (clôture ou bâtiment) empiète plus ou moins sur le terrain voisin et il faut alors régler le sort de la partie qui déborde ainsi indûment ; soit deux personnes différentes estiment être chacune exclusivement propriétaire du même terrain, et il faut alors déterminer le véritable propriétaire au regard des titres que chacun possède (acte de propriété...) ou selon l'usage prolongé du bien revendiqué.

L'empiétement sur le terrain voisin

L'empiétement, c'est-à-dire le fait de construire au-delà de ses limites de propriété, peut être plus ou moins important : vous avez usurpé le terrain de votre voisin de quelques centimètres, voire construit entièrement sur une parcelle lui appartenant. Dans les deux cas, les conséquences sont importantes : vous risquez d'être condamné à verser des dommages et intérêts au propriétaire lésé, et vous pouvez même être contraint de démolir la construction. Et ce, même si votre voisin s'est déjà rendu coupable antérieurement d'empiètement chez vous *(Cass. civ. 3e du 10.4.13, n° 12-10097).*

Une clôture est posée au-delà de la limite de deux terrains

Si, sciemment ou en toute bonne foi, vous établissez votre clôture au-delà de la limite séparative de votre terrain, il y a empiétement. Votre voisin, se rendant compte de l'erreur, peut réagir immédiatement et agir en référé. Si vous reconnaissez avoir commis une erreur, votre voisin obtiendra la remise des lieux en l'état, c'est-à-dire la démolition ou le déplacement de votre clôture. En effet, la possession qu'il exerce sur son terrain, en qualité de propriétaire, a été troublée. En revanche, si vous soutenez que votre clôture a bien été édifiée sur la limite séparative, le conflit doit être tranché, soit par une action en bornage devant le tribunal d'instance (pour obtenir la délimitation judiciaire de la ligne séparatrice des deux propriétés, voir le chapitre 1), soit par une action en revendication de propriété si la contestation porte, non pas sur l'emplacement de la limite séparative, mais sur la propriété même d'une bande de terrain. Il faut alors saisir le tribunal de grande instance avec l'obligation de prendre un avocat.

La construction mord sur le terrain de votre voisin

Lorsque vous décidez de construire un bâtiment en limite de propriété parce que les règles locales d'urbanisme, en général le plan local d'urbanisme (PLU) vous l'impose, il peut arriver que vous dépassiez la limite séparative, ne serait-ce que de quelques centimètres (surtout si vous ne disposez ni d'un plan métré de votre terrain ni d'un procès-verbal de bornage établi antérieurement). Même en présence de tels documents, votre constructeur peut se tromper et mal placer l'emprise de la maison. Dans ce cas, vous êtes seul responsable vis-à-vis du voisin victime de l'empiétement, quitte ensuite à mettre en œuvre la responsabilité de celui qui a défini l'implantation (constructeur, architecte…). Dans cette situation, votre voisin est en droit d'exiger que vous rameniez le mur pignon de votre construction exactement en limite séparative des propriétés et donc que vous supprimiez la partie construite qui empiète chez lui. Le litige relève de la compétence du tribunal de grande instance. Vous devez procéder à la démolition de l'excroissance, ce qui est particulièrement onéreux, à moins que votre voisin n'accepte de transiger : il tolère l'empiétement moyennant une indemnité. Sachez que la jurisprudence demeure très ferme sur le droit du voisin visant à obtenir la suppression de l'excroissance édifiée chez lui. Ce droit ne peut jamais dégénérer en abus et il peut être exercé même si l'empiètement ne cause objectivement aucune gêne *(Cass.*

> **+** Le fait que l'empiétement soit minime n'y change rien : **un débordement de quelques centimètres ne peut être toléré** *(Cass. Civ. 3e du 9.9.14, n° 13-17591)*. Dans ce cas le juge accepte parfois qu'il soit mis fin à l'empiètement par une rectification partielle de l'ouvrage (rabotage d'un mur par exemple) plutôt qu'une démolition *(Cass. Civ. 3e du 10.11.16, n° 15-25113)*.

Civ. 3e du 21.12.17, n° 16-25406). La Cour de cassation considère, en effet, qu'admettre le maintien de l'excroissance reviendrait à autoriser, pour un motif d'utilité privée, l'expropriation de la portion de terrain correspondant à l'empiétement. Or une expropriation n'est possible que pour un motif d'utilité publique *(art. 545 du Code civil).* Si vous envisagez une isolation thermique extérieure de votre logement et que celle-ci risque d'empiéter sur une parcelle voisine, votre projet ne sera possible qu'en obtenant l'accord du voisin (soit en concluant une vente, soit en établissant une servitude *(Rep. Min. n° 63300, JOAN du 13.12.16).*

> **+** **L'obligation de démolition de l'ouvrage** empiétant sur un fonds pèse sur le propriétaire du fonds empiétant, même s'il n'est pas l'auteur de la construction litigieuse *(Cass. Civ. 3e du 6.09.18, n° 17-18145).*

La construction est entièrement édifiée sur le terrain voisin

Il s'agit du cas de quelqu'un qui construit totalement sur le terrain d'une autre personne sans l'accord de celle-ci (à bien distinguer de la situation de celui qui édifie une construction alors qu'il occupe le terrain d'un tiers en vertu d'un titre tel qu'un bail, un contrat d'occupation…). Selon l'article 555 du Code civil, le propriétaire du terrain sur lequel un tiers construit devient propriétaire de ces constructions au fur et à mesure de leur réalisation. Mais le propriétaire du terrain est-il dans l'obligation de conserver la construction édifiée par autrui ? La loi établit une distinction à ce sujet. Si le tiers est de bonne foi c'est-à-dire s'il a cru qu'il était propriétaire, au moment où il a exécuté ses travaux, le propriétaire du sol ne peut en exiger la démolition. En revanche, il acquiert la propriété de la construction, et doit rembourser au constructeur, au choix : soit la plus-value prise par le sol du fait de la construction ; soit la valeur des matériaux et de la main-d'œuvre, estimés à l'époque du rembourse-

> **+** **Le droit de propriété l'emporte** sur le droit au respect du domicile. Le propriétaire d'un terrain sur lequel a été édifié illégalement une maison est en droit d'exiger la démolition et l'expulsion des occupants même si ceux-ci sont âgés et y vivent depuis plus de vingt ans *(Cass. Civ. 3e du 17.05.18, n° 16-15792).*

ment et compte tenu de son état à cette date. Si le tiers est de mauvaise foi, le propriétaire du sol peut soit l'obliger à enlever la construction à ses frais (donc sans indemnisation en contrepartie), soit conserver la construction en indemnisant le tiers comme dans la situation précédente. C'est au propriétaire du sol de prouver, par tout moyen, la mauvaise foi du tiers, qui est présumé avoir agi de bonne foi.

Plusieurs personnes revendiquent le même bien

Deux personnes peuvent affirmer être propriétaires d'un bien déterminé, par exemple d'une parcelle de terrain. La situation est fréquente à la campagne, où les terres ne sont pas toujours délimitées par des clôtures ou autres signes matériels (fossés, rivières, bornes…). L'exemple courant est celui des parcelles de bois, très morcelées à la suite d'une série de partage successoraux, et qu'il est souvent difficile d'identifier sur place. Il n'est pas rare de voir dans un même boisement une cinquantaine de parcelles en forme de languettes (quelques mètres de largeur) juxtaposées. La solution du litige dépendra alors des preuves que chacun apportera à l'appui de ses dires.

Deux personnes produisent un titre de propriété

Vous avez reçu un terrain dans la succession de vos parents ou vous l'avez acheté à un tiers : vous avez donc un titre notarié en main (attestation immobilière après décès ou acte d'achat). Mais supposons qu'un tiers produise également un titre notarié le déclarant propriétaire du même terrain. Un tel conflit peut trouver sa source dans un remembrement ou une erreur de désignation cadastrale, notamment si l'un des deux titres est ancien et antérieur à une rénovation de cadastre. Il peut aussi arriver qu'un terrain ait été vendu deux fois de suite par le même vendeur (tel est le cas d'une personne qui signe un compromis de vente ferme à un prix déterminé à un acheteur et, ensuite, un même compromis pour un autre acheteur).

> **+** Le véritable propriétaire est celui **qui a fait publier le premier son titre d'achat** au Service de la publicité foncière (ex-bureau des hypothèques).

Une personne invoque un titre, et l'autre la prescription trentenaire

Vous produisez un titre de propriété qui vous déclare propriétaire. Mais un tiers, bien qu'il ne fasse état d'aucun titre, prouve qu'il occupe le terrain depuis plus de trente ans (à l'aide de témoignages, de photos pouvant être datées, de correspondances…) et exerce sur lui une possession continue et non interrompue, paisible, publique, non équivoque et à titre de propriétaire *(art. 2261 du Code civil).* Après avoir longtemps considéré que le titre de propriété primait sur la prescription acquisitive, la Cour de cassation a admis qu'il était possible qu'une possession dûment prouvée l'emporte sur un titre *(Cass. civ. 3e du 4.12.91, n° 89-14921).* Ainsi, sa qualité de propriétaire est opposable à tous sans avoir à être publiée au Service de la publicité foncière. Toutefois, si un tel propriétaire veut vendre ou transmettre le bien à ses héritiers, il devra se faire établir par un notaire et en présence de deux témoins un acte de notoriété publique affirmant qu'il est de notoriété publique qu'il a exercé la possession trentenaire sur le bien considéré. Cet acte, publié au Service de la publicité foncière, lui permettra de vendre ou de transmettre son bien à ses héritiers.

Aucun des protagonistes ne peut produire un titre

Le cas le plus fréquent est celui d'une petite parcelle, par exemple de bois, que chacun des deux hypothétiques propriétaires prétend avoir reçue en héritage sans qu'aucune attestation immobilière notariée n'ait été établie ni publiée au Service de la publicité foncière : la propriété du bien sera attribuée par le tribunal à celui qui prouvera avoir exercé la possession trentenaire. Si les deux prouvent qu'ils exercent effectivement une telle possession, le juge retiendra celle qui est la mieux prouvée.

Les actions pour protéger l'usage d'un immeuble

Parfois le litige porte, non pas sur la propriété même d'un bien immobilier, mais sur sa possession ou sur l'exercice d'un droit réel immobilier, par exemple une servitude. Pour garantir l'usage normal du bien et réprimer les atteintes qui lui sont portées, la loi protège les droits de propriété et les droits réels immobiliers notamment l'usufruit et les servitudes continues et apparentes, qui sont celles pouvant s'acquérir par la prescription de trente ans. Les servitudes discontinues ou non apparentes ne sont donc pas concernées par la protection possessoire, laquelle relève de la compétence exclusive du tribunal de grande instance *(art. L. 211-3 du Code de l'organisation judiciaire)*, comme les actions pétitoires (voir p. 128).
Jusqu'à présent, la protection possessoire était assurée par une procédure spécifique : l'action possessoire. La loi de modernisation et de simplification du droit du 16 février 2015 (art. 9) a supprimé cette action. Depuis le 18 février 2015, celui qui s'estime troublé dans sa possession doit agir en référé.

Les actions possessoires ont été supprimées

Pour rappel, l'action possessoire pouvait prendre trois formes. La complainte s'exerçait lorsque le possesseur ou le détenteur était troublé par un tiers dans sa possession ou sa détention. L'action en réintégration (ou « réintégrande ») protégeait contre une dépossession brutale, voire violente (une « voie de fait ») privant le possesseur ou le détenteur de l'usage d'un bien. La dénonciation de nouvel œuvre pouvait être introduite, à la différence des précédentes, lorsque le trouble est futur ou probable.
L'exercice d'une action possessoire était soumis à certaines conditions : la personne exerçant l'action devait posséder ou détenir le bien depuis au moins un an, l'action devait être exercée dans l'année du trouble.

La possession protégée par le référé

En supprimant l'action possessoire, le législateur s'est contenté de tirer les conséquences de la désuétude dans laquelle celle-ci était tombée. Les juges de la Cour de cassation ont admis dès 2006 que les troubles de la possession pouvaient aussi être protégés par la voie des référés *(Cass. Ass. Plen. du 28.6.96, n° 94-15935)*. Les avantages de l'action en référé par rapport à l'action possessoire se sont vite révélés prévalents. En effet, les conditions du référé sont moins contraignantes puisqu'il suffit de prouver l'urgence ou un trouble manifestement illicite. Par ailleurs, la représentation par avocat n'est pas obligatoire, ce qui limite le coût de la procédure. La procédure de référé est plus rapide que celle de l'action possessoire et les conditions de la possession (utile, paisible, pendant plus d'un an…) n'ont pas besoin d'être démontrées.

> + La décision du juge des référés **bénéficie de l'exécution provisoire** qui permet de faire exécuter le jugement même si le perdant fait appel *(art. 808 et 809 du NCPC)*.

LES TROUBLES ANORMAUX DE VOISINAGE

Les projets de construction

Votre environnement quotidien peut se trouver perturbé par des désagréments qui se révèlent parfois rapidement insupportables. C'est le cas de l'installation d'une usine aux rejets nauséabonds ou de la construction d'un immeuble de plusieurs étages qui vous gâche une vue imprenable. A priori, il ne semble pas facile de réagir car, dans ce domaine, la réglementation est complexe et les moyens de se faire entendre ne paraissent pas toujours aisés. Néanmoins, pour préserver votre cadre de vie, il vous faut agir sans attendre, en utilisant tous les moyens mis à votre disposition.

Contester la régularité d'un projet

Avant d'attaquer le permis de construire, il est prudent de vérifier que l'installation a obtenu les éventuelles autorisations administratives requises. L'union faisant la force, lorsque le projet litigieux est important et touche de nombreux riverains, il est toujours conseillé de créer une association de riverains (voir p. 150). Il est par ailleurs toujours préférable de s'entourer des conseils d'un avocat spécialisé en droit de l'urbanisme ou de l'environnement.

Vérifier la conformité de l'installation

Quelle que soit la nature du projet dont vous craignez les nuisances, commencez par vérifier si la construction est soumise à autorisation administrative, comme c'est le cas des installations classées pour la protection de l'environnement (voir p. 152). En effet, pour ce type d'équipements (incinérateurs, usines de tri de déchets ou de retraitement des eaux…), qui présentent un risque de pollution, l'installation est soumise à autorisation préfectorale. L'instruction du dossier est alors confiée à plusieurs services administratifs et notamment aux directions départementales des territoires et de la mer (DDTM, exDDE) et aux Directions Régionales de l'Entreprise, de la Concurrence, de la Consommation, du Travail et de l'Emploi

> **+** Il peut être judicieux **de faire connaître l'action de l'association**, par exemple à travers des réunions publiques dans la commune, des articles dans la presse locale, des pétitions…

(DIRECCTE). C'est donc auprès de ces services que les riverains, regroupés en association, ont intérêt à faire valoir leurs arguments, en mettant l'accent sur les nuisances. L'objectif est d'obtenir du préfet qu'il refuse le projet ou, à défaut, qu'il impose au promoteur des aménagements limitant les nuisances, par exemple en exigeant une desserte routière spécifique pour un entrepôt de produits toxiques, limitant les risques de pollution et le bruit des camions.

Attaquer le permis de construire

Tous les projets susceptibles de nuire à votre environnement ne nécessitent pas une autorisation administrative préalable comme celle requise pour les installations classées ou les éoliennes. En revanche, la plupart des constructions nécessitent la délivrance d'un permis de construire. Pour combattre un projet indésirable, la contestation de son permis de construire est donc un préalable quasiment indispensable. Sachez toutefois que, depuis le 1er octobre 2018, la législation a quelque peu été durcie afin de lutter contre les recours abusifs *(loi ÉLAN n° 2018-1021 du 23.11.18 et décret n° 2018-617 du 17.07.18).*

Il faut agir rapidement. Un permis de construire doit être attaqué dans un délai maximal de deux mois à compter de son affichage sur le terrain *(art. R.600-2 du Code de l'urbanisme).* Trop souvent, ce délai est largement dépassé lorsque les riverains se décident à agir. La construction incriminée a souvent déjà démarré. Toutefois, pour que le délai de deux mois coure valablement, il faut que l'affichage soit conforme à la réglementation : il doit notamment être présent en mairie de façon continue pendant au moins deux mois, et sur le terrain pendant toute la durée du chantier. Il doit aussi comporter certaines mentions obligatoires *(art. A 424-16 du Code de l'urbanisme)*, comme le nom et la dénomination sociale du bénéficiaire, le nom de l'architecte auteur du projet, la nature des travaux, la superficie du terrain ou de plancher autorisée, la hauteur

> **+** Dans le cas où la construction serait terminée, ou en l'absence d'affichage, il est encore possible d'exercer un recours en annulation du permis dans **un délai de 6 mois à compter de l'achèvement des travaux** (ou un an pour les permis délivrés avant le 1er octobre 2018) *(art. R. 600-3 du Code de l'urbanisme, décret n°2018-617 du 17.07.18, Conseil d'Etat du 9.11.18, n° 409872).*

de la construction et le lieu où le dossier peut être consulté. Un affichage incomplet ou mensonger, interrompu par la chute du panneau, illisible parce qu'effacé par la pluie… ne fait pas courir le délai de deux mois. Il faut donc savoir tirer parti des failles du dossier.

Démontrer son intérêt à agir. La personne qui souhaite exercer un recours contre un permis de construire doit fournir les documents attestant de son intérêt à agir. Elle doit, pour cela, présenter l'acte en vertu duquel elle détient ou occupe son bien : promesse de vente, contrat de bail, titre de propriété, etc. *(art. R 600-4 du Code l'urbanisme).* Elle doit également démontrer que le projet de construction affecte « les conditions d'occupation, d'utilisation ou de jouissance » de son bien *(art. L.600-1-2 Code de l'urbanisme).* En revanche, les recours contre les permis fondés uniquement sur les nuisances occasionnées par le chantier de construction sont désormais exclus.

Traquer le motif d'annulation. Le droit de l'urbanisme est si complexe que les motifs d'annulation d'un permis de construire sont légion. Les juristes classent ces motifs en deux catégories : les vices de fond et les vices de forme. Les vices de fond les plus flagrants sont les incohérences entre les dispositions du permis de construire et les documents d'urbanisme sur lesquels il s'appuie (tel le plan local d'urbanisme, PLU). C'est notamment le cas lorsque la construction dépasse la hauteur autorisée, qu'elle ne respecte pas les distances minimales d'implantation par rapport à la voirie ou aux propriétés voisines, ou encore que le coefficient d'occupation du sol est dépassé (en clair, que la surface de construction est excessive en regard de celle du terrain).

Le dossier du permis de construire est consultable en mairie

L'étude approfondie du dossier du permis de construire est, bien entendu, un préalable incontournable à toute action contre un projet de construction. Des photocopies (payantes) peuvent vous être délivrées. Il ne faut pas, non plus, négliger les documents qui fondent les règles au nom des- quelles le permis a été accordé, tel que le plan local d'urbanisme (PLU). Sans oublier les annexes éventuelles, comme l'étude d'impact, obligatoire dans le cas d'une installation classée.

Quant aux vices de forme possibles, ils sont innombrables : l'architecte des Bâtiments de France n'a pas été consulté alors que le terrain est situé dans le périmètre d'un monument historique ; la personne ayant signé le permis n'était pas habilitée à le faire,... Mais, attention, s'il est souvent utile et « de bonne guerre » de dénoncer les vices de forme d'un permis de construire (pour décourager l'adversaire, pour se donner le temps de constituer une association de riverains...), cette forme de contestation ne saurait être une fin en soi. Car si les vices de forme invoqués portent uniquement sur des broutilles, la municipalité aura tôt fait de délivrer un nouveau permis de construire, parfois même dans les jours qui suivent, en prenant bien soin de rectifier toutes ses erreurs...

+ Attention, **depuis le 1er octobre 2018**, les personnes qui abuseront de leur droit au recours contre un permis de construire seront plus facilement sanctionnées. Elles pourront être condamnées au paiement de dommages et intérêts si leur recours traduit « un comportement abusif » et cause un préjudice au bénéficiaire du permis *(art. L.600-7 du Code de l'urbanisme).*

Trois types de recours peuvent être exercés

Trois types de recours peuvent être utilisés pour contester un permis de construire : gracieux, hiérarchique (on parle ici de recours administratifs) et contentieux. On peut toujours attaquer directement un permis devant le tribunal administratif, sans passer par un des recours gracieux ou hiérarchique. Toutefois, vous ne perdez rien à tenter ces deux recours non contentieux, car leur mise en œuvre prolonge d'autant le délai de deux mois pour saisir le tribunal administratif. Ce délai supplémentaire pourra être mis à profit pour préparer le dossier ou créer une association de riverains.

Le recours gracieux exercé à l'encontre du signataire de l'acte

Le recours gracieux est une requête auprès du signataire du permis, en principe le maire. Une simple lettre suffit, demandant clairement le retrait du permis, arguments à l'appui (n'hésitez pas à indiquer qu'à défaut, vous saisirez le tribunal). L'administration dispose de deux mois pour répondre, son silence valant rejet. Vous avez alors deux mois à compter de la décision de rejet pour saisir le tribunal administratif.

Le recours hiérarchique adressé au préfet

Toute personne qui s'estime lésée par l'attribution d'un permis de construire a la possibilité de demander au supérieur hiérarchique de l'auteur de l'acte contesté (au préfet si la décision émane du maire) de procéder au contrôle de sa légalité. Cette démarche s'effectue par lettre recommandée avec avis de réception (avec copies au bénéficiaire du permis et à son auteur, le maire par exemple) dans les deux mois qui suivent l'affichage du permis. Le préfet dispose de deux mois pour répondre et son silence vaut rejet. S'il estime le recours fondé, il adressera au maire une note d'observations l'engageant à modifier ou à annuler le permis. Si le maire refuse, le préfet peut saisir le tribunal administratif, et assortir cette initiative d'une demande de sursis à exécution, c'est-à-dire d'une demande de suspension des travaux.

L'action devant le tribunal administratif

Si les recours administratifs (gracieux ou hiérarchique) ont échoué, vous disposez de deux mois à compter de la décision de rejet (ou du terme du délai de deux mois, en cas de silence) pour saisir le tribunal administratif du lieu où doit s'édifier la construction. Il est aussi possible d'initier cette procédure directement, dans les deux mois suivant l'affichage du permis. Bien qu'il ne soit pas obligatoire, le recours à un avocat est vivement conseillé. Sachez que la procédure devant le tribunal administratif peut nécessiter de longs mois (jusqu'à deux ans…) et n'empêche pas le maître d'ouvrage

> **+** En cas de recours contentieux, le juge administratif a le pouvoir de provoquer **la régularisation d'un permis atteint d'un vice régularisable**, et ce même après l'achèvement des travaux *(art. L 600-5-1 du Code de l'urbanisme)*. La loi Élan a d'ailleurs renforcé les possibilités de régulariser une autorisation d'urbanisme puisqu'elle prévoit que le juge doit dorénavant privilégier une annulation partielle ou le sursis à statuer lorsqu'une annulation peut être évitée *(Art. L.600-5 du Code de l'urbanisme)*.

de poursuivre les travaux. La construction risque donc fort d'être achevée lorsque la décision tombera. Et sa démolition, depuis août 2015, devient hautement improbable (voir ci-dessous). C'est pourquoi il est désormais indispensable de mener en même temps une procédure dite de « référé suspension » *(art. L 521-1 du Code de justice administrative).*

La procédure de référé-suspension

Il s'agit d'une procédure urgente pour obtenir du tribunal qu'il gèle la situation, empêchant ainsi les travaux de démarrer jusqu'à la décision du juge sur le recours en annulation du permis de construire.
Pour recourir au référé-suspension *(art. L. 600-3 du Code de l'urbanisme)*, il doit y avoir de sérieuses raisons de penser que le permis est illégal (non-conformité du projet aux dispositions du PLU de la commune, par exemple, ou le non-respect d'un périmètre de protection d'un monument classé…) et il doit y avoir urgence à suspendre

Peut-on agir en cas de privation de vue ou d'ensoleillement ?

Lorsque le propriétaire d'un terrain disposant d'une vue dégagée sur l'océan ou sur la montagne voit s'édifier un mur de béton qui le prive de la vue et du soleil, il peut en être très gêné. La loi ne prévoit pas les troubles liés à la privation de vue ou d'ensoleillement, et donc ne les réprime pas. Si la construction est conforme au permis de construire, il ne reste qu'à la supporter, sauf à faire valoir un trouble anormal de voisinage (voir le chapitre 10). Sachez que les tribunaux reconnaissent difficilement ce type de nuisances comme excessives, sauf à prouver un assombrissement très important ou une perte de vue quasi totale *(Cass. civ. 3e du 5.9.12, n° 11-21771).*

Si vous envisagez d'agir devant les tribunaux sur ce fondement, ménagez-vous des preuves avant même le début des travaux. L'idéal est de faire prendre des photos par un huissier (par exemple de l'éclairement des pièces ouvrant du côté du voisin qui va construire), à l'appui d'un constat, en indiquant l'époque à laquelle elles ont été prises (été, hiver), ainsi que l'heure de la journée.

son exécution. Depuis l'adoption de la loi Élan, cette urgence est présumée, vous n'avez donc plus besoin d'en apporter la preuve. Par ailleurs, vous devez avoir déposé une requête en annulation ou modification de la décision dont vous réclamez la suspension. La demande de référé-suspension ne peut alors être formulée que jusqu'à la fin du deuxième mois après la production du premier mémoire en défense. Cette requête écrite doit être faite au greffe de la juridiction concernée ou envoyée par lettre recommandée avec avis de réception. L'enveloppe doit porter la mention « référé ». Votre demande doit présenter les faits, les « moyens » (arguments juridiques) justifiant la suspension de la mesure. Vous devez joindre une copie de votre demande en annulation à la requête en référé. L'ordonnance de jugement est rendue par le juge des référés, statuant en juge unique, sauf renvoi à une formation « collégiale » de la juridiction. Elle est rendue rapidement (en pratique, quinze jours après le dépôt de la requête) et notifiée sans délai. L'appel n'est pas possible. Cependant, vous pouvez former un recours en cassation devant le Conseil d'État dans les quinze jours. Il doit statuer dans les meilleurs délais. L'assistance d'un avocat est alors obligatoire. Dans les faits, le nombre croissant d'annulations de permis par les tribunaux a rendu les constructeurs très prudents, surtout pour les projets de grande ampleur. Même si le gel des travaux n'est pas demandé, ils hésitent donc à poursuivre des projets sur lesquels plane la moindre menace. Aussi, dès le moment où un recours est déposé, nombre de chantiers sont bloqués spontanément par leurs promoteurs.

> **+** Attention, si le juge des référés rejette votre demande de suspension (et si vous ne formez pas un pourvoi en cassation contre ce rejet), vous devez obligatoirement **confirmer votre requête en annulation du permis dans un délai, fixé à un mois.** A défaut vous serez réputé vous être désisté de cette demande.

Demander la démolition de la construction

Si le juge ne vous accorde pas le référé suspension (voir ci-dessus), il y a fort à parier que la construction démarrera sans tenir compte de la procédure d'annulation du permis de construire lancée parallèlement devant le tribunal administratif. Si au bout de trois ou quatre ans, le juge administratif annule finalement le permis, l'édifice incriminé sera donc déjà construit. Vous aurez alors deux ans, à partir de la décision d'annulation du permis, pour en demander la destruction, devant le tribunal de grande instance (TGI) s'il s'agit d'un ouvrage privé, et devant le tribunal administratif s'il s'agit d'un ouvrage public. Dans tous les cas, les procédures sont, là encore, très longues et quasiment jamais couronnées de succès. D'autant plus que depuis août 2015, l'action en démolition est limitée aux projets de construction situés en secteurs protégés : montagne, littoral, parcs nationaux, réserves naturelles, sites inscrits ou classés, secteurs sauvegardés, etc. *(art. L 480-13 du Code de l'urbanisme).* Partout ailleurs, dans les secteurs urbains ou ruraux jugés sans enjeux, l'action en démolition n'est plus possible ; sauf si le préfet en est l'initiateur (déféré préfectoral). Dans ces zones très nombreuses, le référé suspension (voir ci-dessus) devient la seule stratégie contentieuse susceptible d'empêcher la réalisation de la construction en suspendant l'exécution du permis.

Les antennes-relais

Ces dernières années ont vu la floraison d'antennes-relais indispensables à l'essor de la téléphonie mobile. Avec, à la clef, pour nombre de riverains, de nouveaux risques d'atteintes à leur cadre de vie. Les antennes-relais de téléphonie mobile sont l'objet d'une polémique portant sur l'éventuelle dangerosité pour la santé des ondes électromagnétiques émises. Or, leur caractère dangereux n'est pas reconnu officiellement en France. Plusieurs textes ont certes été édictés par les pouvoirs publics. Le principal *(décret n° 2002-775 du 3.5.02,* JO *du 5)* fixe des valeurs maximales d'exposition du public aux champs électromagnétiques. Mais il n'impose pas de distance de sécurité entre l'installation et le public. De nombreuses grandes villes, telles Paris, Lyon, Marseille ou Strasbourg, ont signé des chartes avec les opérateurs de téléphonie mobile (Bouygues Télécom, Orange, SFR) pour aménager l'implantation d'antennes. Un « guide des bonnes pratiques » a aussi été élaboré par l'Association française des opérateurs mobiles (Afom) et l'Association des maires de France (AMF). Il vise à instaurer plus de concertation entre opérateurs et municipalité lors de l'installation ou de la modification d'une antenne. Mais ces prescriptions n'ont aucun caractère obligatoire.

Une législation peu contraignante

Dans les faits, les riverains et leurs associations hostiles aux antennes mènent un difficile combat, faute d'une législation vraiment contraignante. Sur le plan administratif, le maire n'a pas son mot à dire quant à l'implantation des antennes-relais de téléphone mobile *(CE du 26.10.11, n° 326492, 329904, 341767).* Seuls, le ministre chargé des communications électroniques, l'Arcep (Autorité de régulation des communications électroniques et des postes) et l'ANFR (Agence nationale des fréquences) prennent cette décision. Le maire conserve toutefois ses pouvoirs en matière d'urbanisme pour délivrer l'autorisation qui peut être nécessaire à leur implantation. Celle-ci a été récemment assouplie puisque désormais l'installation des antennes-relais (hors secteur protégé) est soumise à une simple déclaration préalable *(art. R 421-9-j) du Code de l'urbanisme)*, quelle que soit leur hauteur, et le délai d'instruction de la

demande a été réduit à un mois *(Décret n° 2018-1123 du 10.12.18 et loi Élan n° 2018-1021 du 23.11.2018).* De plus, en cas d'implantation dans le périmètre d'un site remarquable (monument historique, etc.), l'avis conforme de l'architecte des Bâtiments de France a été remplacé par un avis simple *(art. L 632-2-1 du Code du patrimoine, Loi Élan article 56).* Ces décisions peuvent être contestées.
Mais, lorsque tout a été fait dans les règles, la lutte devient problématique. Le trouble anormal de voisinage n'est pas forcément reconnu. Un recours sur ce fondement ne peut être admis qu'à titre exceptionnel lorsque, d'une part l'implantation ou le fonctionnement de l'antenne n'est pas conforme aux prescriptions administratives ou, d'autre part lorsqu'elle suscite des nuisances anormales qui ne concernent ni la protection de la santé publique, ni la préservation des émissions contre le brouillage *(T. des conflits du 14.05.12, n° 3844).* Le risque pour la santé ne peut donc constituer à lui seul un trouble anormal de voisinage. Outre ce risque, la plupart des plaintes visant les antennes relais se fondent sur le préjudice visuel. Pour que le trouble dépasse les inconvénients normaux de voisinage, il faut que la nuisance soit importante (la

L'information du maire et des riverains

L'opérateur qui souhaite implanter une antenne-relais doit fournir au maire un dossier d'information préalable comprenant notamment une synthèse en langage non technique ainsi que le calendrier indicatif du déroulement des travaux *(arrêté du 12 octobre 2016, JO du 15).* À réception du dossier d'information, le maire dispose d'un délai de 8 jours pour demander une simulation de l'exposition aux champs électromagnétiques généré par l'installation. Le maire est tenu de mettre l'ensemble de ces informations à disposition du public dans un délai de 10 jours à compter de la réception du dossier ou de la simulation. Il peut également décider d'organiser une concertation avec les habitants *(art. L 34-9-1, II, B et C du code des postes de des communications électroniques et décret n° 2016-1211 du 9.9.16).* Dans ce cas, les observations des habitants doivent être recueillies dans un délai de trois semaines à compter de la mise à disposition du dossier.

pose d'un pylône de 40 mètres, situé à 4 mètres de la propriété et visible à 1 km à la ronde a été reconnu comme tel, alors que le simple caractère inesthétique dans une zone urbanisée n'est pas suffisant). La dépréciation du bien peut aussi parfois être prise en compte.

L'opposition des copropriétaires à l'installation d'une antenne

Lorsque l'antenne doit être installée sur le toit d'un immeuble en copropriété, l'installation doit impérativement être autorisée par l'assemblée générale des copropriétaires. Après avoir requis l'unanimité pour ce type de décision *(CA de Paris, 23e ch. B, du 7.04.05, RG n° 04/12610)*, la cour d'appel de Paris est revenue sur sa position au profit d'un vote à l'article 25-1 de la loi de 1965, soit la majorité des voix de tous les copropriétaires *(CA de Paris du 3.02.10, n° 08/09191)*. La loi Macron du 6.08.15 est venu mettre fin à ces hésitations puisqu'elle prévoit que l'installation d'une antenne-relais en copropriété doit être adoptée à la majorité des voix de tous les copropriétaires, présents, représentés ou absents lors de l'assemblée générale *(art. 25 h) de la loi n° 65-557 du 10.7.65)*.

Les éoliennes

Le parc d'éoliennes est en plein développement, mais rencontre l'hostilité de nombreux riverains. Les éoliennes sont considérées comme des installations classées pour la protection de l'environnement : il faut respecter une distance de 500 mètres entre le lieu d'implantation de l'éolienne et une zone d'habitation. Par ailleurs, l'installation d'un mât d'au moins 12 mètres de hauteur est subordonnée à l'obtention d'un permis de construire *(art. R. 421-1 et R 421-2 du Code de l'urbanisme).* Quant aux éoliennes dont la hauteur dépasse 50 mètres, elles sont soumises à autorisation environnementale *(art. L. 515-44 du Code de l'environnement).*

En cas de manquement aux règles d'urbanisme, les riverains peuvent intenter un recours administratif. Le Conseil d'État a ainsi annulé un permis de construire de deux éoliennes de 120 mètres de haut, à 300 mètres d'une ferme habitée et à 500 mètres d'un hameau au nom du principe de sécurité publique : selon l'étude d'impact, il existait un risque de rupture de pâles ou de mâts dans un rayon de 300 mètres et un risque de projection de pâles dans un rayon de 500 mètres *(CE du 27.7.09, n° 317060).* Le trouble anormal de voisinage peut également constituer le fondement de votre recours en raison du trouble visuel et auditif que peuvent causer les éoliennes.

> **+** Il est conseillé de constituer **une association entre voisins** pour avoir plus de poids.

Un particulier qui avait installé une éolienne de 11 mètres de haut en fond de sa propriété à environ 50 mètres de la façade arrière de la maison de ses voisins a ainsi été condamné sur le fondement des troubles anormaux de voisinage à enlever l'engin et à leur verser des dommages et intérêts *(CA de Douai du 16.04.09, n° 08/09250).*

Le juge judiciaire saisi d'un recours pour trouble anormal de voisinage, n'est pas compétent pour ordonner le démontage des éoliennes dûment autorisées par l'autorité administrative *(Cass. Civ. 3e du 25.01.17, n° 15-25.526).* En revanche, si le permis autorisant l'installation d'une éolienne a été annulé par la

> **+** Un décret du 29 novembre 2018 *(décret n° 2018-1054)* est venu simplifier le contentieux de l'éolien afin d'accélérer les procédures : désormais ce contentieux relève en premier et dernier ressort de **la cour administrative d'appel** et les moyens (arguments juridiques) sont figés automatiquement au bout de deux mois.

juridiction administrative, le juge judiciaire retrouve son pouvoir d'ordonner la démolition de cette installation qui méconnaît les règles d'urbanisme *(Cass. civ. 1ère du 14.02.18, n° 17-14703)*. Le juge judiciaire demeure également compétent pour les actions en réparation des troubles causés par le petit éolien domestique (éoliennes qui ne sont pas soumises au régime des installations classées, ni aux autorisations d'urbanisme).

Les panneaux publicitaires

La prolifération de panneaux publicitaires engendre une véritable pollution visuelle. Pourtant, des textes encadrent strictement l'installation des panneaux et autres enseignes *(art. L. 581-1 et s. du Code de l'environnement ; décret n° 2012-118 du 30.1.12)*. Ils règlementent, entre autres, les dimensions des panneaux selon la taille de la commune. Par exemple, dans les villes de 10 000 habitants et plus, les panneaux ne peuvent dépasser 12 m², avec une hauteur maximale de 7,50 mètres au-dessus du sol. Les maires peuvent également élaborer un « règlement local de publicité » adaptant les dispositions prévues par le Code de l'environnement *(art. L. 581-14 du Code de l'environnement)*. Vous pouvez donc vous adresser au maire pour lui signaler les infractions aux textes et lui demander d'intervenir pour faire supprimer ou modifier le panneau.

Il est toujours possible d'agir sur le fondement d'un trouble anormal de voisinage avec de bons arguments.

+ Au besoin, demandez **l'appui d'associations de protection de l'environnement**, comme Paysages de France, qui luttent pour éradiquer les panneaux publicitaires illégaux et faire évoluer la réglementation.

L'installation de panneaux solaires est règlementée

Les contraintes varient en fonction de la puissance, de la hauteur et de l'implantation des panneaux *(décret 2009-1414 du 19.11.09)*. Aucune formalité n'est requise pour l'installation de panneaux d'une « puissance crête » inférieure à 3 kilowatts et d'une hauteur au sol inférieure à 1,80 mètres. Mais le fait que l'installation ait été faite dans les règles ne vous empêche pas d'exercer un recours sur le fondement d'un trouble anormal de voisinage si elle est à l'origine d'une perte importante d'ensoleillement par exemple ou bien vous cause un préjudice esthétique *(Rép. Min. JOAN du 30.4.13, n° 14844)*.

L'association de riverains pour se défendre efficacement

La création d'une association (loi 1901) est un atout important pour contester un projet de construction, l'implantation d'éoliennes ou d'antennes-relais..., qui permet, notamment, d'agir en justice. Constitués en association, les particuliers deviennent des interlocuteurs respectés des pouvoirs publics : maire, préfecture et services de l'État comme la Direction départementale des territoires (DDT – ex DDE) ou la Direction régionale de l'environnement, de l'aménagement et du logement (Dreal – ex Drire).
L'adhésion à une fédération nationale agréée, comme France nature environnement (FNE) ou la Confédération du logement et du cadre de vie (CLCV), constitue un atout supplémentaire, car elles bénéficient d'une expertise et d'un savoir-faire précieux.

Préciser l'objet de l'association

L'objet de l'association doit être en rapport avec le projet troublant votre environnement. Veillez toutefois à ce que son champ d'action ne soit pas trop étroit (comme la préservation du paysage, qui empêchera toute action judiciaire comme le bruit, par exemple). À l'inverse, l'objet ne doit pas être trop large (la défense de l'environnement..., *CAA de Douai 1re ch, du 13.8.12, n° 11DA01741)*. Les actions des associations sont souvent déclarées irrecevables par les tribunaux contestant leur intérêt à agir en justice, en raison d'objets trop vagues. L'objet peut être, « l'association X pour la préservation du cadre de vie de... (village, quartier)... qui intervient en exerçant tout droit de défense et d'amélioration de l'environnement, de l'habitat, de l'urbanisme, de la protection de la nature... ». Si vous devez modifier les statuts de votre association afin que son objet vous permette de justifier d'un intérêt à agir contre un projet de permis de construire, soyez vigilant, car il faudra que la modification des statuts soit déclarée en préfecture au moins un an avant l'affichage en mairie de la demande de permis *(Code de l'urbanisme, art. L 600-1-1, loi n° 2018-1021 du*

23.11.18). Affiliez votre association locale à une fédération (ou association) nationale agréée, comme la CLCV ou FNE *(art. L. 142-1 du Code de l'environnement).* Vous mettrez toutes les chances de votre côté pour que le juge reconnaisse votre « intérêt à agir ».

Désigner qui peut agir en justice

Dans les statuts de l'association, désignez le président comme la personne qualifiée pour agir en justice : c'est le plus simple et le plus efficace. Ce dernier peut ainsi réagir rapidement et représenter l'association au tribunal. Dans le cas où, pour des raisons propres à la vie de l'association, c'est le bureau qui est désigné pour agir en justice dans les statuts, il faut impérativement le réunir préalablement et procéder à un vote avant toute action. Il s'agit donc d'une procédure plus lourde et plus longue, mais indispensable, au risque de voir contester l'action en justice.

Procéder aux formalités administratives

En principe, pour agir en justice, l'association doit être déclarée en préfecture. Pour cela, il faut que l'association dépose un dossier complet comprenant notamment son nom exact, l'adresse du siège social, son objet, les statuts datés et certifiés conformes par au moins deux membres fondateurs et une demande d'insertion au Journal officiel des associations et fondations d'entreprise (JOAFE). La déclaration peut également être réalisée directement sur internet via le téléservice e-création (www.associations.gouv.fr). Un récépissé de la déclaration est délivré dans un délai de cinq jours. Le coût de l'insertion au JO varie de 44 à 90 € selon le nombre de caractères.

+ Pour introduire une requête contre un permis de construire, une association doit fournir ses statuts ainsi que le récépissé attestant de sa déclaration en préfecture. Attention, pour agir en justice, les statuts de l'association doivent avoir été déposés **au moins un an avant l'affichage en mairie de la demande de permis** *(art. L 600-1-1 du Code de l'urbanisme).*

Les mauvaises odeurs et les fumées

Avec le bruit, les nuisances provoquées par les mauvaises odeurs sont certainement l'une des principales causes de conflits entre voisins. Émanations nauséabondes s'échappant d'une usine ou d'une exploitation agricole, odeurs insupportables dues à la présence d'un élevage, relents de cuisine d'un restaurant… ces nuisances sont particulièrement mal ressenties par tous ceux qui doivent vivre en permanence les fenêtres fermées et se pincer le nez dès qu'ils sortent de chez eux. Dans certains cas, la lutte contre les odeurs pourra être entreprise sur le terrain du non-respect des réglementations particulières édictées pour limiter les émissions odorantes. Sinon, pour les faire cesser ou les diminuer, vous devrez, à défaut d'accord amiable avec leur auteur, agir en justice et prouver qu'elles constituent un trouble anormal de voisinage.

Certaines activités sont sous haute surveillance

Deux types de réglementations régissent l'émission d'odeurs : la législation sur les installations classées, concernant les émanations d'origine industrielle, et le règlement sanitaire départemental, qui impose des prescriptions en matière d'hygiène et de santé publiques, dont la violation peut constituer une infraction. La réglementation sur les installations classées s'applique à toute usine, atelier, grand élevage, abattoir, installation de traitement des déchets et autre structure susceptible de présenter des dangers ou des inconvénients pour la commodité du voisinage et pour la santé publique *(art. L. 511-1 et s. du Code de l'environnement)*. Selon leur taille et leur nature, ces activités sont soumises à une déclaration préalable ou à une autorisation d'exercer donnée par le préfet. Dans tous les cas, les installations classées doivent se conformer aux prescriptions édictées par arrêté, en vue d'assurer la protection des intérêts du voisinage. Certaines d'entre elles doivent, en outre, respecter les injonctions particulières du préfet visant à réduire leurs rejets odorants. Ces contraintes techniques font d'ailleurs l'objet d'une surveillance régulière par l'inspection des installations classées, l'inobservation des conditions imposées à l'exploitant pouvant aboutir à la suspension de son activité.

Déposer une réclamation en préfecture

Vous résidez près d'un abattoir, d'une usine de traitement des ordures ménagères, d'un chenil de plus de 10 animaux, d'un élevage industriel de porcs... En cas de nuisances olfactives liées à ce voisinage, vous pouvez adresser une réclamation écrite au bureau de l'environnement de la préfecture ou à la direction régionale de l'environnement, de l'aménagement et du logement (Dreal). Un contrôle sera effectué sur place pour vérifier que l'exploitant respecte les contraintes liées à son activité. Si tel n'est pas le cas, le préfet le mettra en demeure de satisfaire à ces conditions dans un délai qu'il détermine. Si le contrevenant n'obtempère pas, le préfet pourra faire procéder d'office aux mesures prescrites pour limiter les émissions malodorantes. Dans les cas les plus graves, il pourra même décider la fermeture de l'établissement jusqu'à la réalisation des aménagements nécessaires. Cette même sanction sera évidemment décidée si l'exploitant n'a pas déposé de déclaration ou n'a pas obtenu d'autorisation avant de commencer à exercer son activité.

Porter plainte auprès du procureur de la République

En cas de faute avérée, le tribunal pourra décider, outre les sanctions énoncées précédemment, de punir le coupable d'une peine de deux ans d'emprisonnement et d'une amende de 150 000 € *(art. L. 514-11 et s. du Code de l'environnement).*

Maires et préfets peuvent imposer des contraintes

Les préfets et les maires sont autorisés à prendre des dispositions au niveau local pour protéger la santé et l'environnement *(art. L. 1311-2 du Code de la santé publique).*

Les mesures locales

Les préfets et les maires instituent souvent des règlements sanitaires départementaux, sur le modèle d'un règlement type, imposant des contraintes spécifiques en matière de salubrité des locaux d'habitation, de conditions sanitaires d'exploitation des activités ne relevant pas des installations classées (voir p. 152), d'élimination des déchets ou encore d'activités agricoles. Ces règlements, complétés au niveau local par des arrêtés municipaux, s'imposent à tous et leur violation constatée par des agents assermentés peut entraîner des sanctions et des peines d'amende.

La mise en œuvre de ces mesures

Si vous subissez, par exemple, des odeurs insupportables en raison de la présence d'un nombre important d'animaux dans l'appartement voisin, vous pourrez demander l'intervention du maire en vous fondant sur le risque sanitaire qu'ils vous font courir. De même, si vous êtes voisin d'une installation renfermant des animaux vivants (telles que clapiers, poulaillers ou pigeonniers, notamment), vous pourrez demander au maire qu'il intervienne si son propriétaire ne la maintient pas en bon état de propreté ou s'il n'évacue pas les fumiers incommodants pour les voisins *(art. 26 du règlement sanitaire type annexé au Code des collectivités territoriales).*

> **+** En cas de difficultés, **contactez votre mairie pour faire constater le trouble.** Vous éviterez ainsi, dans bien des cas, une procédure judiciaire longue et coûteuse.

Vous pourrez aussi faire appel aux autorités locales si les mauvaises odeurs sont le fait d'un voisin ayant l'habitude de brûler ses ordures ménagères à l'air libre, ou d'un voisin à l'hygiène douteuse qui accumule détritus et déjections dans sa propriété.

Les troubles graves sont sanctionnés

Il n'est pas facile de cerner la notion de « trouble anormal de voisinage », tout particulièrement pour les odeurs ! Les tribunaux se prononcent donc au cas par cas, compte tenu des éléments propres à chaque situation (notamment, la fréquence, la durée ou la localisation des nuisances). La jurisprudence en la matière est certes abondante, mais elle ne permet pas de dégager des critères définitifs établissant le trouble d'odeur. Seule certitude, vous devez établir que les nuisances subies sont excessives, c'est-à-dire dépassent les désagréments habituels que chacun doit tolérer de ses voisins et qui sont inhérentes à la vie en société. Pas question, par exemple, de vous plaindre « d'une légère odeur de chien » en provenance de l'appartement voisin si celle-ci n'excède pas le seuil de tolérance admissible en copropriété *(Cass. crim. du 31.5.95, n° 94-83191)*.

Les juges rendent des décisions au cas par cas

Pour se prononcer sur l'existence ou non d'une nuisance, les juges tiennent donc compte de différents éléments, et en premier lieu de votre environnement : le fait que vous viviez en ville ou à la campagne, en zone résidentielle ou industrielle… Par exemple, à propos d'odeurs d'origine animale, les juges ont estimé que la présence

Fumées et odeurs de barbecue constituent rarement un trouble anormal

L'utilisation des barbecues est souvent l'occasion de petites tensions entre voisins, les odeurs et fumées émanant des merguez ou sardines grillées étant surtout appréciées des convives. Les juges considèrent que ces odeurs ne constituent pas un trouble anormal de voisinage, car elles ne sont qu'épisodiques, temporaires et aléatoires (elles dépendent en partie du sens du vent). Certes, si votre règlement de copropriété ou le cahier des charges de votre lotissement pose des conditions à l'utilisation de barbecues, vous pouvez imposer leur respect. De même, si un arrêté du maire édicte des règles, vous pouvez demander à votre voisin de s'y conformer et, à défaut, contacter les services municipaux pour qu'ils interviennent. Mais, hors ces cas, il sera difficile d'obtenir gain de cause. Excepté peut-être si vous démontrez que votre voisin utilise son barbecue dans le seul but de vous nuire. La cour d'appel de Caen a ainsi sanctionné un propriétaire qui se faisait un malin plaisir « d'activer » son barbecue alors qu'il avait fini son repas, dans le but d'enfumer ses voisins. Le gêneur a été condamné à verser aux plaignants 600 € d'indemnités et 1 500 € au titre des frais de procès *(CA de Caen du 21.2.02, n° 01/00475)*.

d'une écurie dégageant des odeurs désagréables de purin, installée à moins de 8 mètres des pièces à vivre de la maison voisine, constituaient une trouble excédant les inconvénients normaux de voisinage, les propriétés étant situées dans un village et entourées de maisons individuelles à vocation résidentielle. Ils ont ordonné la démolition sous astreinte de l'écurie et octroyé 1500 € de dommages et intérêts aux plaignants *(Cour d'appel de Douai du 24.9.15, n° 15/647)*. De même la Cour de cassation a estimé que la présence d'un abri de poneys d'où se dégageaient de fortes odeurs, installé à moins de cinq mètres de la maison voisine, constituait un trouble excédant les inconvénients normaux du voisinage, les deux propriétés étant situées en zone urbaine *(Cass. civ. 2e du 14.1.99, n° 97-10678)*. À l'inverse, la cour a rejeté la demande d'un propriétaire qui exigeait que l'étable voisine soit démolie en raison des odeurs qui s'en échappaient, les juges considérant que le fait que l'étable soit édifiée dans un village agricole excluait le trouble anormal de voisinage *(Cass. civ. 3e du 2.12.92, n° 90-19764)*.

Il n'est pas nécessaire qu'une faute soit commise

Un trouble de voisinage peut exister même en l'absence de faute. Ainsi le propriétaire d'une fosse septique pourtant déclarée conforme par le service public de l'assainissement (SPANC), peut voir sa responsabilité engagée pour trouble de voisinage si la fosse provoque des nuisances olfactives récurrentes *(Rep. Min. n° 465,* JO *Sénat du 16.11.17)*. Les juges ont également retenu le trouble anormal causé par des odeurs d'hydrocarbures qui, s'échappant d'une cabine de peinture, installée dans une zone résidentielle, rendait l'air irrespirable, alors que son propriétaire avait obtenu toutes les autorisations requises pour exercer son activité *(Cass. civ. 3e du 22.5.97, n° 93-20957)*. Bien sûr, si les mauvaises odeurs sont amplifiées par la faute de leur auteur qui ne respecte pas ses obligations, les juges sont d'autant plus sévères. Par exemple, un propriétaire qui n'avait pas équipé sa maison d'un dispositif aux normes de récupération des eaux usées, créant des odeurs pestilentielles pour ses voisins, a été condamné à revoir son système d'assainissement, à verser des dommages et intérêts à la plaignante et à supporter tous les frais du procès *(CA de Toulouse, 1re ch. civ. du 2.7.01, n° 2000/03554)*.

Antériorité du trouble : prouver que la nuisance a évolué

Les tribunaux admettent assez souvent que la préexistence d'une installation provoquant des nuisances prive le voisinage de la possibilité d'obtenir réparation. Ainsi, la loi prévoit qu'il n'est pas possible de demander réparation si le préjudice est dû à une activité (agricole, industrielle…) qui s'exerçait déjà quand le permis de construire du bâtiment qui abrite la victime de la nuisance a été demandé *(art. L. 112-16 du Code de la construction et de l'habitation)*. Mais encore faut-il que les activités en question s'exercent en conformité avec les lois et règlements en vigueur et se pour-

Le règlement de copropriété peut comporter des clauses spécifiques

L'utilisation des locaux commerciaux des immeubles en copropriété est source de nombreux litiges portant en particulier sur les odeurs de cuisine des restaurants. Le règlement de copropriété comporte généralement une clause stipulant que toute activité autorisée ne devra causer aucune gêne par le bruit ou les odeurs. Son intérêt est de permettre à chaque copropriétaire d'agir individuellement contre celui qui ne la respecte pas, sans avoir à prouver qu'il subit un préjudice personnel. Le plaignant n'a pas non plus à démontrer le caractère anormal du trouble. Pour la Cour de cassation, en effet, le règlement de copropriété étant un contrat, chacun a le droit d'en exiger le respect *(Cass. civ. 3e du 22.3.00, n° 98-13345)*. En cas de nuisances, l'activité commerciale autorisée par le règlement peut alors être interdite *(Cass. civ. 3e du 29.2.12, n° 10-28618)*. Par contre, en l'absence d'une telle clause dans le règlement, celui qui se plaint du trouble olfactif causé par un commerce de l'immeuble devra prouver son caractère anormal. Il pourra demander réparation, même s'il s'est installé après le commerce à l'origine du trouble, la règle de l'antériorité parfois applicable en matière de trouble de voisinage (voir ci-dessus) ne jouant pas en copropriété *(Cass. civ. 3e du 23.1.91, n° 89-16163)*. Il obtiendra alors, en plus des dommages et intérêts, soit la suppression de l'activité nuisible, soit la condamnation de son auteur à réaliser des travaux de mise aux normes.

suivent dans les mêmes conditions qu'à l'origine. Ces deux derniers points constituent le biais par lequel il est alors possible d'agir en cas de nuisance. En effet, l'antériorité de l'activité ne lui procure une relative impunité que si les nuisances n'ont pas augmenté depuis l'arrivée du voisin. Les juges doivent donc rechercher si les nuisances ne se sont pas aggravées après l'arrivée des voisins *(Cass. civ. 3e du 3.10.12, n° 11-22377)*. Dans le cas contraire, il est possible d'agir pour trouble anormal de voisinage. Ainsi, le voisin d'un petit élevage de porcs qui avait obtenu légalement un permis de construire ayant fait passer le nombre de bêtes d'une vingtaine à plus de 400, a obtenu la condamnation de l'éleveur, l'odeur provenant de la porcherie étant devenue insupportable *(Cass. civ. 2e du 7.11.90, n° 89-16241)*. Il y a également augmentation des nuisances (odeurs nauséabondes, prolifération d'insectes) lorsqu'une bergerie pouvant accueillir 300 brebis est construite en remplacement d'un troupeau de bovins en pâture *(Cass. Civ. 3e du 11.6.14, n° 12-28315)*. Cela dit, retenez que les juges restent souverains en toute occasion pour apprécier le caractère anormal d'un trouble lié à de mauvaises odeurs. Ils peuvent donc sanctionner son auteur même si les voisins importunés se sont installés dans le voisinage après lui. Pour agir contre l'auteur de ce trouble, il faut suivre la procédure devant les tribunaux judiciaires exposée p. 188 et s.

LES SPÉCIFICITÉS DES TROUBLES LIÉS AU BRUIT

Les bruits de simple voisinage

Les enquêtes le montrent, le bruit est la nuisance de la vie quotidienne la plus mal supportée et la plus redoutée. 86 % des français se disent gênés par le bruit et les nuisances sonores à leur domicile (sondage Ifop « Les français et les nuisances sonores », 15.10.14). Non seulement le bruit excessif dégrade l'audition, mais il a aussi des effets sur la santé : troubles du sommeil, nervosité, hypertension artérielle... Principales sources de litiges, les bruits de comportement : la « sono » du voisin, les aboiements de chiens, les bruits de talons, de perceuses ou de tondeuses à gazon. Les textes en font une infraction pénale dont l'auteur est punissable d'une amende, voire de la confiscation de l'objet ou de l'instrument bruyant *(art. R. 1337-6 et suivants du Code de la santé publique)*. La loi fait une distinction entre ces bruits de voisinage et les nuisances dues à des activités organisées : chantiers, activités professionnelles, commerciales, industrielles, culturelles ou de loisirs (voir p. 178).
Si vous envisagez de changer de logement (achat ou location), pensez à consulter au préalable l'application « Votre logement et le bruit » proposée par le site du ministère du logement. Cet outil qui présente 7 points de vigilance à observer en matière de bruit peut être d'une aide précieuse pour évaluer votre nouveau logement.

La réglementation

Aucun texte ne définit avec précision la notion de « bruit de comportement ». Une circulaire du 27 février 1996 *(JO du 7.4)* en donne seulement une liste indicative. Il s'agit notamment des bruits « inutiles, désinvoltes ou agressifs » pouvant provenir de cris d'animaux, principalement d'aboiements de chiens, des appareils de diffusion du son et de la musique (radio, télévision, chaîne hi-fi...), des outils de bricolage ou de jardinage, des appareils électroménagers, des pétards, des activités occasionnelles (fêtes familiales, travaux de réparation) et de certains équipements fixes (ventila-

> + L'un des trois critères (durée, répétition ou intensité) du bruit suffit. Les textes **ne prévoient pas de seuil ou de mesure acoustique** pour les bruits de comportement.

teurs, climatiseurs...). Un tel bruit est excessif lors qu'il est « de nature à porter atteinte à la tranquillité du voisinage ou à la santé de l'homme par sa durée, sa répétition ou son intensité » *(art. R.1336-5 du Code de la santé publique).*

Il est interdit de troubler la tranquillité d'autrui de jour comme de nuit

Beaucoup s'imaginent encore que seul le tapage nocturne est répréhensible et qu'il est possible de faire tout le bruit que l'on souhaite

Les animaux sont souvent source de litiges

Les aboiements intempestifs représenteraient plus du tiers des litiges de voisinage liés au bruit. En effet, chacun est libre de posséder un ou plusieurs chiens, ou tout autre animal domestique (la possession d'un chien dangereux peut, en revanche, être interdite). Ainsi, un propriétaire bailleur n'a pas le droit d'interdire à son locataire de posséder un (ou plusieurs) chien(s) ou autre(s) animal(aux) de compagnie non dangereux, que ce soit dans un appartement ou une maison. Une telle clause du contrat de location serait inapplicable, car illégale *(art. 10 de la loi n° 70-598 du 9.7.1970)*. La même loi interdit à un règlement de copropriété d'interdire la présence d'animaux familiers non dangereux dans les loge- ments. Ceci étant, l'animal ne doit pas occasionner de nuisances excessives aux voisins (copropriétaires ou locataires), qu'il s'agisse de bruits (aboiements, chants de coqs matinaux et répétés, bruits de poulailler...) ou autres : odeurs, dégradations... Les aboiements ininterrompus d'un chien peuvent constituer un trouble anormal de voisinage *(Cass. civ. 2e du 27.3.14, n° 13-14907)*, de même que le coassement de grenouilles situées dans une mare construite à moins de dix mètres d'une habitation *(Cass. Civ. 2e du 14.12.17, n° 16-22509)*. La victime des nuisances peut mettre en œuvre les moyens de défense classiques pour faire cesser le trouble : tentative amiable, intervention des autorités ou encore action en justice pour trouble anormal de voisinage. Par ailleurs, si le possesseur de l'animal indésirable est locataire, il risque, en outre, la résiliation de son bail.

jusqu'à 22 heures, ou encore de faire la fête une fois par mois, dès lors que l'on a prévenu ses voisins ou le commissariat. Il n'en est rien : on n'a pas le droit de troubler la tranquillité d'autrui, quelle que soit l'heure du jour ou de la nuit. Cependant, même si le bruit peut être sanctionné de jour comme de nuit, l'appréciation sera différente selon l'heure. Ce qui est acceptable le jour ne l'est pas forcément la nuit. L'auteur d'un bruit excessif encourt une sanction pénale, à savoir une amende pouvant aller jusqu'à 450 € et, le cas échéant, à titre complémentaire, la confiscation de « l'objet du délit » (chaîne hi-fi, télévision, tondeuse à gazon…), rare en pratique *(art. R. 1337-7 et R. 1337-8 du Code de la santé publique)*. Une personne qui a facilité le bruit peut être condamnée aux mêmes peines pour complicité de tapage. Par exemple un gérant de bar, si ses clients éméchés font un bruit excessif à la sortie de son établissement (voir p. 168). Notez que cette infraction peut également relever de la procédure de l'amende forfaitaire (voir p. 169).

Certaines activités sont encadrées par des arrêtés municipaux ou préfectoraux

Chacun a le droit de bricoler chez soi ou de tondre sa pelouse. Les coups de marteau, les ronflements de perceuses, de scies sauteuses et autres tondeuses à gazon et taille-haies, constituent donc, a priori, des contraintes normales de voisinage. À condition toutefois de respecter les règlements en vigueur et de ne pas occasionner de nuisances excessives au voisinage. Un arrêté du 22.5.06 fixe le niveau d'émissions sonores admissibles pour les activités d'entretien des espaces extérieurs. Si votre tondeuse ou votre taille-haies dépasse la limite prévue, vous n'avez pas le droit de l'utiliser *(Rep. Min. n° 92451, JOAN du 9.2.16)*. De plus, dans de nombreuses communes, des arrêtés municipaux ou préfectoraux fixent les horaires où il est possible de bricoler ou de tondre son jardin. Par exemple, de 8 heures à 19 heures les jours de semaine et de 10 heures à 12 heures le dimanche et les jours fériés.

> + Si vous vivez **dans un lotissement**, son règlement peut également fixer des contraintes horaires.

Ces textes doivent, bien entendu, être respectés. Si vous estimez que votre voisin bricole ou tond sa pelouse à un moment anormal, interrogez votre mairie ou la préfecture pour savoir si un arrêté local existe et, le cas échéant, lisez le règlement de lotissement. Vous pourrez alors vous appuyer sur ces textes pour demander à l'amiable à votre voisin de modifier son comportement et, au besoin, faire intervenir les autorités, voire porter le problème en justice.

Enfin, même si bricolage ou tonte interviennent dans les horaires autorisés, cela ne signifie pas que l'on peut faire tout le tapage que l'on veut aussi longtemps que l'on veut. Si vous subissez une gêne excessive, vous pourrez ainsi mettre en route une action en justice en invoquant un trouble anormal de voisinage (voir le chapitre 12). Reste à déterminer à partir de quand une simple gêne, inconvénient acceptable de la vie en société, devient « anormale ». C'est toute la difficulté de la mise en œuvre de cette notion, où un large pouvoir d'interprétation est forcément laissé aux juges.

Tenter un règlement amiable

Si vous êtes victime d'un bruit excessif, n'essayez pas de régler le problème en rendant coup pour coup. En effet, la première démarche doit être d'aller trouver votre voisin. N'attendez pas non plus d'être excédé pour vous faire entendre. Au contraire, manifestez-vous dès l'apparition des nuisances. Bien sûr, le règlement amiable suppose que vous ayez un interlocuteur de bonne foi et un minimum de tolérance réciproque. Mais surtout, dites-vous que si un règlement amiable n'est pas possible, vous entrerez alors dans une logique de conflit : il faudra engager des procédures, qui, certes, pourront aboutir, mais seront elles aussi sources de stress.

Misez sur la bonne foi de votre voisin

Quand vous constatez le problème de bruit, ne supposez pas d'emblée que le voisin qui en est à l'origine est de mauvaise foi ou le « fait exprès ».

Ne traitez pas votre voisin comme un agresseur, mais expliquez-lui qu'il vous gêne « sans en avoir conscience ». Dans les faits, vous verrez que c'est d'ailleurs régulièrement le cas. Par exemple, si l'appartement dans lequel vous venez d'emménager est resté vide pendant quelque temps, votre voisin du dessus a effectivement pu prendre l'habitude de monter le son de sa télévision ou de jouer du piano à toute heure. Invitez-le alors à venir chez vous constater le niveau sonore afin qu'il prenne conscience de la gêne occasionnée. Au besoin, essayez ensuite de trouver un arrangement : horaires pour jouer d'un instrument, baisse du volume de la chaîne hi-fi ou de la télévision le soir…

Si le gêneur refuse de venir constater le bruit chez vous. Ou, si, malgré cette démarche, son comportement ne change pas, une réplique graduée doit être envisagée. Envoyez-lui tout d'abord un premier courrier – une simple lettre suffit – en rappelant vos précédentes interventions et la réglementation en vigueur contre le bruit : articles R. 1337-6 et suivants du code de la santé publique et article R. 623-2 du Code pénal, arrêtés municipaux ou préfectoraux éventuels (voir modèle de lettre p. 203). Si cela ne suffit toujours pas, envoyez rapidement une seconde lettre, cette fois en recommandé avec avis de réception, rappelant votre précédent courrier et fixant un délai (par exemple, 8 jours à compter de la réception de votre lettre), au-delà duquel vous indiquez votre intention d'agir en justice. En constatant que vous êtes « monté d'un cran », certains gêneurs reviennent à un comportement plus civique. À toutes fins utiles, conservez des photocopies de tous vos courriers.

> + Si la lettre recommandée vous revient **sans avoir été réclamée par son destinataire**, gardez-la sans l'ouvrir, comme indice de sa mauvaise volonté, en vue d'une action future.

En copropriété, demandez au syndic d'intervenir

Si vous vivez dans un immeuble en copropriété, tournez-vous vers le syndic de l'immeuble. C'est, en effet, à lui qu'il incombe de faire respecter le règlement de copropriété *(art. 18 de la loi n° 65-557 du 10.7.65).* Ce document constitue la charte des droits et devoirs de tout occupant de l'immeuble. Il interdit normalement les nuisances sonores. Ses dispositions s'imposent à tous et sa violation peut même justifier une action en justice par la copropriété contre le perturbateur.

Le syndic a un pouvoir limité. Vous pouvez commencer par constituer un dossier regroupant les plaintes de divers occupants (copropriétaires ou autres locataires), et l'adresser au syndic pour appuyer votre démarche. Celui-ci doit intervenir pour rappeler au gêneur le règlement de copropriété. Mais le pouvoir de police du syndic s'arrête là. En effet, seule l'assemblée générale pourrait décider de poursuivre le fauteur de trouble en justice (le syndic agira alors, mais en tant que représentant de la collectivité). Dans les faits, compte tenu des délais nécessaires pour réunir une assemblée et des frais qu'une action en justice occasionne, cette voie n'est à envisager qu'en cas de nuisance grave, importunant un nombre important d'occupants. Cependant, une lettre recommandée avec avis de réception adressée par le syndic au gêneur peut aussi mettre fin aux nuisances.

> + En dehors du syndic, il peut être tout aussi efficace **de contacter le président du conseil syndical**, lequel est également un copropriétaire habitant sur place.

L'intervention du gardien de l'immeuble, lorsqu'il existe, peut parfois donner également de bons résultats.

Un locataire est tenu au respect du règlement de copropriété. En copropriété, le syndic peut aussi agir contre un locataire. Celui-ci peut être poursuivi de la même façon que s'il était propriétaire, y compris devant les tribunaux. Un locataire doit respecter les stipulations du règlement de copropriété, en matière de bruit. En début de location, le bailleur doit d'ailleurs lui remettre les extraits du règlement de copropriété relatifs à la destination de l'immeuble, à la jouissance des parties privatives et communes *(art. 3 de la loi n° 89-462 du 6.7.89)*. Même si cette formalité a été omise, ce qui arrive hélas assez souvent en pratique, le locataire reste tenu de respecter le règlement de copropriété. En cas de nuisances sonores, le syndic est donc compétent pour rappeler au locataire ses obligations, au nom de la copropriété. Au besoin, en cas d'échec des tentatives amiables, le syndic peut se faire autoriser par l'assemblée générale à poursuivre le gêneur en justice pour violation du règlement de copropriété. L'action en justice peut aussi être intentée directement par la victime du trouble. Dans les faits, le copropriétaire lésé a souvent intérêt à agir seul. Ce n'est que lorsque la nuisance gène un bon nombre de copropriétaires que

> + Un locataire peut revendiquer à son profit **le respect du règlement de copropriété** s'il est victime d'un voisin bruyant. Il peut alors agir seul contre le gêneur ou bien s'adresser au syndic en lui demandant de faire respecter le règlement de copropriété.

les autres se sentiront suffisamment concernés pour donner leur accord à un procès qui risque d'être long et coûteux.

Le bailleur est responsable de son locataire

Le bailleur est légalement responsable des agissements de son locataire vis-à-vis du voisinage (que l'on soit en copropriété ou non). Dans une copropriété, le syndic peut donc exiger que le bailleur rappelle son locataire à l'ordre, sous peine d'être lui-même poursuivi en justice par la copropriété. Plus largement, que l'on soit en copropriété ou non, face à un locataire particulièrement malveillant, le bailleur peut même demander au tribunal d'instance la résiliation du bail en cours de contrat en cas de nuisances graves consistant, par exemple, en aboiements de chien, barbecue sur le balcon, bruits intempestifs, poubelles sur le pallier… *(Cour d'appel de Pau du 31.3.15, n° 15/1372)*. Le bailleur peut aussi refuser le renouvellement du bail à son échéance « pour motif légitime et sérieux ». Le contrat de bail peut aussi contenir une clause permettant au bailleur de résilier le contrat de plein droit à la suite de troubles de voisinages constatés par une décision de justice *(art. 4 de la loi du 6.7.89)*. En cas d'inertie du bailleur, la copropriété ou un voisin victime du bruit peut demander à sa place la résiliation judiciaire du bail et l'expulsion du locataire (les juristes parlent « d'action oblique » ; *Cass. civ. 3e du 12.7.18, n° 17-20680*).

> **+ Le bailleur est également responsable** envers son locataire si celui-ci subit le bruit causé par les autres locataires ou occupants de l'immeuble. Il doit réagir et au besoin engager une procédure judiciaire de résiliation du bail des locataires voisins responsables des nuisances sonores subies par son locataire *(Cass. Civ. 3e du 8.3.2018, n° 17-12536)*. Il ne peut être exonéré de cette responsabilité qu'en cas de force majeure.

Faire constater le bruit excessif

Si la voie amiable n'a pas eu d'effet, le constat du bruit par un agent assermenté peut être dissuasif. De jour, vous pouvez contacter la mairie – le maire est garant de la tranquillité publique en matière de bruit –, le commissariat de votre quartier ou la gendarmerie. De nuit, seuls les forces de police ou les gendarmes seront joignables.

> Il peut être utile de **recourir aux services d'un huissier** pour dresser un constat des nuisances occasionnées par votre voisinage. Cet élément renforcera le dossier que vous soumettrez au juge en cas d'action judiciaire.

Une intervention parfois difficile à obtenir

Faire appel à un agent municipal, à la police ou à la gendarmerie n'est pas une étape obligée, mais fort utile si vous devez agir en justice par la suite. Dans les faits, les forces de l'ordre n'interviennent que lorsqu'elles n'ont pas d'affaires plus urgentes à régler, ce qui est rarement le cas dans les grandes villes. Aussi, insistez sur la répétition des nuisances.

Et si malgré vos appels, elles ne se déplacent pas, vous avez intérêt à déposer des mains courantes au commissariat ou à la gendarmerie, pour qu'il reste une trace de vos démarches. Une main courante est une simple déclaration consignée sur un cahier par un policier ou un gendarme. Elle consiste à signaler une infraction, pas à porter plainte. Plusieurs mains courantes donneront plus de poids à une éventuelle plainte ultérieure.

> Si les pouvoirs publics refusent d'agir lorsque vous les appelez, **l'appui d'une association spécialisée** peut vous être utile (voir coordonnées p. 208).

Le devoir d'information du vendeur d'un bien immobilier

Le vendeur d'un bien immobilier qui a connaissance de nuisances provoquées par le voisinage doit dans certains cas en informer le futur acquéreur. À défaut, ce dernier peut invoquer un vice caché *(art. 1641 et s. du Code civil)* ou un vice du consentement *(art. 1130 et s. du Code civil)* pour obtenir une baisse du prix *(CA de Metz du 21.1.16, n° 16/00015)* ou même l'annulation de la vente *(CA de Rennes du 24.3.2016, n° 12/00078)*.

Le bruit excessif est apprécié à l'oreille

S'il se déplace, l'agent assermenté constatera le bruit « à l'oreille ». **L'appréciation est subjective.** Ce n'est pas le nombre de décibels qui est pris en compte mais la gêne occasionnée au voisinage. Des bruits de comportement tels que de la musique, des rires ou des éclats de voix peuvent ainsi être sanctionnés en dehors de toute mesure *(Cass. Crim. du 8.03.16, n°15-83503)*. L'appréciation du caractère excessif est donc forcément subjective et sera logiquement différente selon que le bruit intervient le jour ou la nuit, dans un environnement rural ou citadin, dans un appartement ou une maison individuelle. Ainsi, les juges ont récemment considéré que la vie dans un immeuble parisien supposait de supporter les contraintes inhérentes à la vie en commun (bruit de pas, fonctionnement de machine à laver) et une tolérance accrue aux bruits de voisinage par rapport aux conditions d'habitation dans une maison individuelle *(CA de Paris du 11.5.16, n° 15/04007)*.

Faire appel à un conciliateur peut éviter un procès

Toujours dans le but de régler le problème à l'amiable, vous pouvez aussi faire appel à un conciliateur de justice, qui n'est pas un juge, mais un particulier, ayant souvent une formation ou une expérience juridique. Son intervention est gratuite. Renseignez-vous auprès de votre mairie ou auprès du tribunal d'instance dont dépend votre domicile pour avoir ses coordonnées. Une liste est également disponible sur le site : www.conciliateurs.fr.

Le conciliateur propose une rencontre avec votre voisin, afin de rechercher une solution respectant les intérêts de chacun. N'étant pas un juge, il ne peut pas forcer votre voisin à venir discuter, ni lui imposer une solution. Toutefois, son intervention peut permettre le dialogue, et, donc, la mise en œuvre d'une issue satisfaisante. Si votre voisin s'engage à ne plus faire de bruit, un constat d'accord est alors signé entre vous et lui. Vous pourriez produire ce document en justice si votre voisin ne tenait pas ses engagements.

La loi de modernisation de la justice adoptée le 18 novembre 2016 a rendu obligatoire le recours à la conciliation avant de pouvoir saisir le tribunal d'instance pour tout litige inférieur à 4 000 euros (sauf à pouvoir justifier d'un motif légitime ou d'autres tentatives de résolution amiable).

Un procès verbal peut être dressé. S'il estime que le vacarme le justifie, le représentant de la force publique, ou bien l'agent municipal, peut verbaliser l'auteur du bruit et lui infliger une amende forfaitaire de 68 € *(art. R. 48-1 du code de procédure pénale)*. Si cette somme n'est pas réglée dans un délai de quarante-cinq jours, elle sera majorée à 180 €. Cette sanction peut permettre une prise de conscience immédiate du responsable du bruit qui peut ainsi adapter son comportement. Si le problème persiste, le représentant de la force publique peut aussi rédiger un procès-verbal (PV) de constat d'infraction transmis ensuite au procureur de la République, dont une copie est adressée à l'auteur de l'infraction. Au vu de ce PV, le procureur pourra éventuellement décider de déclencher les poursuites pénales contre le voisin bruyant (voir ci-dessous).

> **+** Même si le PV n'a pas de suites pénales, son établissement **est souvent suffisamment dissuasif** vis-à-vis du fauteur de troubles.

Porter plainte contre le gêneur

Lorsque les nuisances sonores perdurent malgré vos tentatives d'arrangement amiable, voire en dépit de l'intervention des pouvoirs publics, l'étape suivante est alors de porter plainte contre le voisin bruyant auprès des services de police ou de gendarmerie, qui la transmettront au procureur de la République. Vous pouvez également vous adresser directement au procureur du lieu de votre domicile (envoyez, dans ce cas, votre courrier au greffe du tribunal de grande instance, voir modèle p. 207).

Une lettre simple suffit

Pour porter plainte, il vous suffit d'adresser une simple lettre à la police ou à la gendarmerie, de préférence dactylographiée : indiquez vos nom, prénoms et adresse, décrivez les faits reprochés lieu de l'infraction, les noms et adresses des témoins éventuels. Vous avez intérêt à joindre tous les éléments de preuve que vous possédez : copie des courriers adressés à votre gêneur, témoignages de voisins (voir modèle d'attestation p. 204 ou téléchargez sur Internet le modèle Cerfa n° 11527-03), constat d'échec de la tentative de conciliation amiable… Sachez cependant que, lorsqu'aucun PV de constatation d'infraction n'a été établi par les pouvoirs publics, la plainte est classée sans suite dans la plupart des cas. Il est donc toujours préférable d'obtenir au préalable un, voire plusieurs PV, même s'il est souvent difficile de réussir à faire intervenir la force publique…

Le procureur de la République examine la plainte

Les services de police ou de gendarmerie doivent transmettre votre plainte au procureur de la République, qui en examine le bien-fondé. En fonction des éléments de preuve qui l'accompagnent, trois options s'offrent alors au procureur. Il peut décider de classer l'affaire sans suite. C'est souvent le cas lorsque le dossier n'est pas suffisamment étayé ou si les faits dont vous vous plaignez ne constituent pas une infraction. Le traitement de la plainte peut prendre un certain temps. La loi oblige cependant le parquet à vous informer du classement sans suite de votre plainte *(art. 40-2 du Code de procédure pénale).*

Il peut aussi recourir au médiateur pénal. À ne pas confondre avec le conciliateur (voir p. 188), même si leurs interventions se ressemblent. Le conciliateur peut être saisi par vous-même avant toute plainte ou procès, pour essayer de régler le conflit à l'amiable ; alors que le médiateur pénal est saisi à l'initiative du procureur, une fois qu'une plainte a été déposée. Le médiateur est un bénévole, doté d'une formation pratique et souvent juridique. Avec votre accord, et celui de votre gêneur, le médiateur vous convoquera ensemble, plusieurs fois si nécessaire, et s'efforcera d'instaurer un dialogue entre vous afin de résoudre le litige. La médiation pénale est gratuite et ne nécessite pas d'avocat. Elle peut se dérouler au tribunal, dans les locaux d'une association, ou dans une Maison de la justice et du droit. En cas d'accord, le médiateur constate alors votre arrangement par écrit et en avertit le procureur qui classe l'affaire.

> **+** Si la médiation pénale échoue, **le procureur en est également avisé.** Dans ce cas, il peut encore classer l'affaire sans suite.

Enfin, le procureur peut décider d'engager des poursuites pénales à l'encontre du fauteur de trouble. Ce dernier est alors convoqué devant le tribunal de police.

Il peut être judicieux de se constituer « partie civile »

Si le procureur de la République a saisi le tribunal de police pour donner suite à votre plainte, vous avez la possibilité de vous constituer « partie civile ».

Quel intérêt y a t-il à se porter « partie civile » ? Il s'agit d'une démarche simple et gratuite, dont le but est de vous permettre de participer au procès pénal en tant que victime afin de défendre vos intérêts et d'obtenir des dommages et intérêts. En effet, en portant plainte seulement, vous avez engagé une action pénale, visant à faire condamner le « coupable » à une peine d'amende, mais uniquement à cela : le juge pénal ne peut alors le condamner à rien d'autre. S'il est condamné, le gêneur devra payer une amende, mais cet argent ne vous est pas destiné. Le paiement de l'amende étant généralement dissuasif, vous pourrez certes obtenir que votre voisin cesse le bruit, mais vous ne serez pas dédommagé de votre préjudice. C'est pourquoi il est recommandé de vous porter partie civile, afin de percevoir des dommages et intérêts (il ne faut pas confondre cette démarche avec la « plainte avec constitution de partie civile », qui empêche le procureur de classer sans suite une affaire, mais ne joue qu'en cas de crime ou de délit, et non pour une contravention). En pratique, l'avantage de la procédure pénale est surtout sa gratuité pour vous, et son caractère dissuasif à l'encontre du gêneur.

Comment se constituer partie civile ? Vous pouvez vous constituer partie civile en déposant ou envoyant au greffe du tribunal de grande instance une déclaration en ce sens. Si vous avez reçu votre convocation à l'audience, vous pouvez encore vous constituer partie civile en adressant une lettre recommandée au tribunal, au moins 24 heures avant la séance. Dans tous les cas, précisez le montant des dommages et intérêts demandés et joignez les pièces justificatives de votre préjudice. Vous n'êtes pas tenu de comparaître à l'audience, mais il vaut mieux être présent au cas où le juge voudrait entendre votre point de vue.

> + Vous pouvez encore **vous constituer partie civile au moment de l'audience**, en vous présentant personnellement ou par l'intermédiaire d'un avocat.

La peine encourue est de 450 € maximum

Une fois saisi du dossier, le juge du tribunal de police peut décider de condamner votre gêneur à une amende de 450 € au maximum (peine encourue pour une contravention de troisième classe, *Code pénal, art. R 623-2*). Il peut prononcer une amende moins élevée, notamment si le fauteur de trouble n'a pas d'antécédents judiciaires. Le cas échéant, le juge peut aussi ordonner la confiscation du matériel ayant servi à commettre l'infraction (chaîne hi-fi, tondeuse…). En pratique, cette confiscation est rare, et se voit appliquée plutôt dans les cas de récidive. Si vous vous êtes porté partie civile, le juge peut vous accorder tout ou partie des dommages et intérêts demandés. Si le dossier n'est pas assez fourni, le juge peut décider de relaxer votre voisin gêneur, qui n'est donc pas condamné à verser quoi que soit. Si vous n'acceptez pas cette décision, il vous reste encore la possibilité d'intenter une action devant le tribunal civil.

Saisir le tribunal civil

Cette action auprès des tribunaux civils peut être intentée : soit en premier lieu, sans avoir porté plainte au préalable, c'est-à-dire sans avoir tenté une action pénale ; soit, après une action devant le tribunal pénal, si la nuisance persiste, que son auteur ait ou non été condamné.

> + Pour saisir la justice, vous disposez d'**un délai de cinq ans** à compter de la survenance ou de l'aggravation du bruit causé par votre voisin *(Cass. Civ. 2e du 13.9.18, n° 17-22.474).*

Attention, depuis le 1er avril 2015 *(Décret n° 2015-282 du 11.3.15)*, vous avez l'obligation, avant de saisir le juge et sauf urgence, de prouver qu'une tentative de résolution amiable de votre litige a échoué. Dans l'acte de saisie de la juridiction, il vous faudra indiquer les démarches effectuées. À défaut, le juge peut proposer une conciliation ou une médiation *(art. 127 et s. du code de procédure civile).*

Dans quel but saisir le juge?

L'action aura pour but d'obtenir du juge qu'il ordonne la cessation du trouble, au besoin sous astreinte, c'est-à-dire moyennant le paiement d'une somme déterminée par jour de retard (100 €, par exemple). Selon les circonstances, le juge peut, ainsi, ordonner au gêneur d'insonoriser son appartement, d'enfermer son chien bruyant, de déplacer son poulailler… Vous avez également la possibilité de solliciter des dommages et intérêts, qui seront d'autant plus élevés que la nuisance a été importante et durable. Mais pour obtenir satisfaction auprès du magistrat, il vous faut prouver que vous êtes victime d'un « trouble anormal de voisinage » (voir ci-dessous). Le tribunal compétent est déterminé en fonction du montant du litige (voir le chapitre 12).

Le caractère anormal du trouble

L'anormalité du trouble est évaluée selon les circonstances et les lieux. En la matière, les juges tranchent au cas par cas. Certaines nuisances assimilées à un trouble anormal du voisinage en zone urbaine ne sont, par exemple, pas forcément considérées comme telles en zone rurale. Ainsi, le chant du coq pourra souvent être jugé normal à la campagne et excessif en ville. À la campagne, le seuil de tolérance imposé aux riverains semble plus élevé. Les nuisances (hennissements, bruits de sabots, odeurs de purin, présence de mouches) dénoncées par le propriétaire d'un camping voisin d'un centre équestre n'ont pas été retenues par la cour d'appel de Nîmes *(arrêt n° 98/2706 du 17.01.02)*. La durée et la répétition du bruit sont aussi des facteurs pris en compte par les tribunaux. Ainsi le fait de jouer plusieurs heures par jour d'un instrument de musique constitue généralement un trouble anormal de voisinage *(Cass. civ. 3e du 23.5.12, n° 10-19760)*. Par contre, il a été jugé que le fait de jouer du piano une heure par jour ne constitue pas un trouble anormal de voisinage, même si le musicien est débutant *(CA Paris du 7.10.99, n° 1998/03050)*. De même, l'organisation de séances de ball-trap (tir au pigeon d'argile) ne constitue pas forcément un trouble anormal de voisinage. La justice l'a rappelé dans une affaire où certains tirs excédaient pourtant la norme acoustique réglementaire *(Cass. civ. 2e du 18.4.13, n° 12-19865)*. Les organisateurs n'ont pas été condamnés car les séances étaient rares (deux jours par an pour l'un, et six week-ends par an hors période estivale pour l'autre), et la durée des tirs très courte. Mais les juges ont déjà sanctionné, par le passé, l'installation d'un ball-trap à côté d'une maison de repos ou en raison de la dégradation des terrains voisins.

En copropriété, les conséquences sonores du remplacement d'une moquette par un parquet ou du carrelage font l'objet d'une jurisprudence fournie. Bien qu'en théorie un copropriétaire soit libre de changer de revêtement de sol, ce n'est pas forcément le cas en pratique. Il a été récemment jugé que la dégradation acoustique résultant de travaux de remplacement d'une moquette par un parquet constituait un trouble anormal de voisinage *(Cass. civ. 3e du 20.11.12, n° 11-17801)*. Le rapport d'expertise mentionnait que l'énergie acoustique transmise était de 7 à 173 fois plus grande depuis les travaux.

Le bruit des activités organisées

Les nuisances sonores liées aux activités professionnelles (à l'exception des installations « classées », régies par des textes spécifiques, voir le chapitre 10) ou aux activités de loisirs, peuvent être combattues avec les mêmes armes que les bruits de comportement : tentative de règlement amiable, intervention des pouvoirs publics (mairie, police ou gendarmerie), intervention du tribunal pénal ou action devant le tribunal civil pour trouble anormal de voisinage. Sur le plan pénal, l'infraction est punissable d'une amende de 1 500 € *(art. R. 1337-6 du Code de la santé publique).*

> **+** À la différence des bruits de simple voisinage, **les nuisances sonores liées aux activités professionnelles** sont mesurées non pas « à l'oreille » mais par une mesure sonométrique.

La nuisance est précisément mesurée

Le tapage provenant d'une activité professionnelle ou de loisirs doit être mesuré avec un appareil spécial. Par ailleurs, l'ancienneté de l'établissement source du bruit peut interdire toute action pour trouble anormal de voisinage de la part du riverain installé postérieurement.

L'impact du bruit est pondéré selon sa durée et le contexte

La mise en évidence de l'infraction nécessite d'effectuer une enquête acoustique qui comporte obligatoirement des mesures sonométriques. Plus concrètement, l'auteur du bruit n'est en infraction que si certaines conditions sont réunies *(art. R. 1336-6 et s. du Code de la santé publique).*

L'émergence globale. En premier lieu, il est tenu compte de « l'émergence globale » du bruit, c'est-à-dire de « la différence entre le niveau de bruit ambiant – comportant le bruit particulier en cause –, et celui du bruit résiduel, constitué par l'ensemble des bruits habituels, extérieurs et intérieurs, dans un lieu donné, correspondant à l'occupation normale des locaux et au fonctionnement normal des équipements ». En principe, l'émergence ne doit pas dépasser 5 dB(A) (voir ci-dessous) durant la journée et 3 dB(A) pendant la nuit (de 22 heures à 7 heures du matin). Ces valeurs sont cependant pondérées en fonction de la durée du bruit sur une journée de 24 heures. Par exemple, en période diurne, un bruit qui se produit pendant 15 minutes par jour aura moins de poids qu'un bruit qui dure 3 heures. En outre, quelle que soit l'émergence, retenez qu'il n'y a pas d'infraction lorsque le niveau de bruit mesuré ne dépasse pas 25 dB(A) si la mesure est effectuée à l'intérieur des pièces principales d'un logement d'habitation, fenêtres ouvertes ou fermées, ou à 30 dB(A) dans les autres cas.

L'émergence spectrale. À la notion d'émergence globale s'ajoute l'émergence spectrale (différence entre le niveau de bruit ambiant dans une bande d'octave normalisée et le bruit résiduel dans la même bande d'octave), qui peut être aussi mesurée. Les valeurs limites de l'émergence spectrale sont définies à l'article R. 1336-8 du Code de la santé publique. Cette mesure permet de prendre en compte des bruits de faible intensité globale, mais dont une plage de fréquence réduite émerge suffisamment pour être gênante. Des nuisances liées à des bruits de compresseurs frigorifiques, de ventilateurs, de climatiseurs… peuvent ainsi être sanctionnées.

Réalisation des mesures. Si vous souhaitez faire réaliser ces mesures, vous pouvez contacter le service communal d'hygiène et de santé, pour les communes qui en possèdent, ou demander à la mairie de vous envoyer un agent communal assermenté disposant d'un appareil homologué. Le maire peut également demander à la délégation territoriale de l'Agence régionale de santé (ARS, ex-DDASS). de procéder à ces mesures acoustiques. Toutes ces interventions sont gratuites.

La règle de l'antériorité interdit parfois tout recours

Les activités industrielles, artisanales, agricoles ou commerciales bénéficient d'un régime de faveur en matière de nuisances sonores. En effet, les nuisances causées par ces activités aux occupants des bâtiments riverains n'entraînent aucun droit à réparation lorsque le permis de construire, l'acte d'achat ou le contrat de location du logement (si la victime du bruit est locataire) sont postérieurs à l'exis-

tence des activités sources de la nuisance *(art. L. 112-16 du Code de la construction et de l'habitation).* A contrario des époux, subissant des nuisances sonores imputables au passage, durant la nuit, de camions d'une entreprise voisine implantée postérieurement à la construction de leur villa, ont obtenu cessation de la nuisance et réparation de leur préjudice sur le fondement du trouble anormal de voisinage *(Cass. civ. 2e du 4.10.12, n° 11-30453).*
Ces activités doivent néanmoins respecter les dispositions législatives ou réglementaires en vigueur. En outre, elles doivent se poursuivre dans les mêmes conditions qu'antérieurement. Par exemple, des époux se plaignaient de bruits provenant d'une scierie proche de leur maison. Les juges ne leur ont accordé aucune indemnité parce que l'installation de la scierie était bien antérieure à la leur, que son activité s'exerçait en conformité avec la réglementation en vigueur et que l'exploitation « continuait de s'exercer dans les conditions d'au-

Une échelle de mesures pour évaluer la nocivité en matière de bruit

Le niveau de bruit s'exprime en décibels (dB). Mais l'oreille humaine a une sensibilité différente selon les fréquences. C'est pourquoi, en matière de nuisances sonores, on mesure le bruit en décibels A – dB(A). Cette unité de mesure « corrigée » traduit la sensibilité accrue de l'oreille humaine aux sons médium et aigus. Elle exprime la sensation auditive que provoquent les sons gênants ou nocifs pour l'homme.

- **0 dB(A) : seuil d'audibilité,**
- **10-15 dB(A) : très calme (un vent léger),**
- **20-35 dB(A) : calme (conversation à voix basse à 1,50 m),**
- **40-45 dB(A) : assez calme (ambiance de bureau tranquille),**
- **50-60 dB(A) : bruit courant (conversation),**
- **65-80 dB(A) : bruyant, mais encore supportable (circulation routière importante),**
- **85- 95 dB(A) : bruit pénible, avec danger pour l'audition (aboiements très sonores),**
- **100-110 dB(A) : bruit difficilement supportable (intérieur d'une discothèque),**
- **120 dB(A) : seuil de douleur (avion au décollage)**

trefois » *(Cass. civ. 3e du 27.4.00, n° 98-18836)*. En d'autres termes, vous ne pourrez éventuellement obtenir gain de cause contre un établissement bruyant que si vous prouvez que son activité, bien que préexistante à votre installation, a évolué, et, en particulier, que ses conditions d'exploitation se sont développées de telle sorte que les nuisances se sont aggravées et ne sont plus tolérables.

Les règles spécifiques à certaines activités

Des règles spécifiques concernent les établissements musicaux, les établissements servant des boissons alcoolisées, les bruits de chantiers, ainsi que les aéroports.

Les établissements musicaux

Une réglementation spécifique s'applique à tous les lieux, clos ou en plein air, recevant du public et diffusant des sons ou de la musique amplifiés à des niveaux sonores élevés *(voir art. R. 571-25 et s. du Code de l'environnement ; art. R. 1336-1 et s. du Code de la santé publique ; décret n° 2017-1244 du 7.8.2017)*. Ces dispositions complètent la réglementation concernant les bruits de voisinage, afin de protéger les riverains ainsi que l'audition du public.

Cette réglementation spécifique s'applique ainsi à tous les lieux diffusant des sons amplifiés (niveau sonore supérieur à 80 dB (A)) que ce soit des discothèques, salles de concert, bars, restaurants, salle municipale, locaux d'enseignement de musique ou de danse, cinéma ou encore festivals en plein air.

Afin de protéger la santé auditive du public, le niveau sonore moyen est limité à 102 dB (A) et le niveau maximal à 118 dB (A). Ces seuils sont par ailleurs abaissés (respectivement à 94 dB (A) et 104 dB(A)) lorsque les activités sont destinées à des enfants de moins de 6 ans.

> **+** Un arrêté municipal ou préfectoral peut **réglementer les horaires d'ouverture** de l'établissement.

Les discothèques et les lieux dont la capacité d'accueil est supérieure à 300 personnes sont également soumis à des obligations d'enregistrement et d'affichage des niveaux sonores auxquels le public est exposé. Par ailleurs, les festivals ainsi que les établissements diffusant des

sons amplifiés à titre habituel (exceptés les cinémas et salles de danse) doivent mettre à la disposition du public des protections auditives individuelles ainsi que des espaces de repos auditif. Ils sont également soumis à une obligation d'information du public sur les risques auditifs. Toutefois, les conditions de mise en œuvre de ces dispositions doivent être précisées par un arrêté. Au jour où nous imprimons, celui-ci n'est toujours pas paru.
En outre, pour préserver la tranquillité du voisinage, le propriétaire de l'établissement doit faire réaliser une étude de l'impact des nuisances sonores précisant, le cas échéant, les travaux d'isolation indispensables *(voir art. R. 571-27 du Code de l'environnement).* Et cette étude doit être mise à jour en cas de modification des aménagements des locaux ou du système de diffusion sonore.
En cas de contrôle de l'administration, l'exploitant doit être en mesure de présenter ce dossier d'étude d'impact. Les contrevenants encourent jusqu'à 1 500 € d'amende (7 500 € pour une personne morale), la saisie du matériel, voire la fermeture de l'établissement.

Les débits de boisson

Les cafés, restaurants, discothèques et autres établissements débitant des boissons alcoolisées sont soumis à des horaires d'ouverture et de fermeture. Ces horaires, fixés par arrêté préfectoral ou municipal, doivent être respectés. De même, l'arrêté peut interdire l'installation de terrasses. Avant toute action, il faut donc se renseigner en mairie. Bien entendu, le respect de ces horaires par l'exploitant ne lui donne pas le droit de faire un bruit excessif. Notez par ailleurs que l'article L. 3332-15 du Code de la santé publique concernant les débits de boisson réprime les atteintes à l'ordre public, à la santé, à la tranquillité ou à la moralité publiques (tapage nocturne, rixes fréquentes…). Il prévoit aussi que le préfet peut ordonner la fermeture de l'établissement pour une durée de 2 mois au maximum, voire de 6 mois en cas de non-respect des textes législatifs ou réglementaires. Ces règles particulières liées au service de boissons alcoolisées se cumulent, le cas échéant, avec celles imposées aux établissements diffusant de la musique amplifiée. Parallèlement, le maire qui ne prend aucune mesure pour faire cesser des troubles, commet une faute qui engage la responsabilité de la commune *(CAA Douai du 15.10.09, n° 08DA01500).*

Les bruits de chantier

Bruits de marteaux piqueurs, d'engins, va-et-vient de camions… les chantiers de construction entraînent des nuisances sonores. Même si le bruit est inhérent à cette activité, il ne doit pas, pour autant, être excessif. Les textes précisent ainsi que les chantiers ne doivent pas être « à l'origine d'un bruit de nature à porter atteinte à la tranquillité du voisinage ou à la santé de l'homme » *(art. R. 1336-10 du Code de la santé publique)*, et prévoient une peine d'amende de 1 500 € à l'encontre des contrevenants personnes physiques (7 500 € s'il s'agit d'une personne morale). Sont visés les chantiers soumis à autorisation, qu'il s'agisse d'une déclaration de travaux ou d'un permis de construire. L'article R. 1336-10 vise expressément trois types de manquements à l'origine du vacarme : le fait de ne pas respecter les conditions d'utilisation ou d'exploitation du matériel ; le fait de négliger de prendre les précautions appropriées pour limiter le bruit ; et celui d'avoir un comportement anormalement bruyant. La constatation du bruit excessif se fait ici sans mesure acoustique obligatoire, contrairement aux autres bruits liés à des activités professionnelles.

Les horaires des travaux sont souvent réglementés. Avant de vous plaindre auprès du chef de chantier, renseignez-vous auprès de votre mairie pour savoir si le chantier respecte bien les horaires légalement fixés. En effet, dans de nombreuses communes, des arrêtés fixent des restrictions horaires pour les chantiers. En outre, des plages horaires spécifiques peuvent être prévues pour l'utilisation d'engins particulièrement bruyants.

Contacter la mairie ou les services de police. Si vous pensez subir une gêne excessive du fait de l'inobservation de l'un ou l'autre des points évoqués plus haut, vous pouvez faire une réclamation auprès de la mairie ou des services de police ou de gendarmerie. Ces services sont habilités à vérifier que les engins et outils utilisés sur le chantier sont homologués et conformes aux normes techniques, notamment au niveau acoustique. Si ce n'est pas le cas, l'agent municipal ou le fonctionnaire de police peut ordonner l'arrêt immédiat des matériels et engins concernés jusqu'à leur mise en conformité.

Demander l'arrêt du chantier. Si vous subissez un trouble persistant qui justifie une action en justice, vous avez la possibilité de saisir le tribunal pénal ou le tribunal civil. En pratique, pour les bruits de chantiers, il est préférable de porter l'action devant le tribunal civil.

En effet, l'amende de 1 500 € encourue devant le tribunal de police est généralement moins dissuasive pour l'entrepreneur que la crainte de l'interruption du chantier sous peine d'astreinte (moyennant le paiement d'une somme par jour de retard), sanction qui peut être prononcée par le juge civil. Sans oublier les dommages et intérêts. La procédure la plus appropriée est celle consistant à assigner le responsable « en référé » devant le tribunal. Cette procédure d'urgence permet d'obtenir une décision rapide, qui est appliquée immédiatement. L'intervention d'un avocat n'est pas obligatoire, mais elle est fortement conseillée. La décision prise en référé est cependant provisoire et peut être remise en cause ensuite par une décision « au fond ».

Les aéroports

Ce sont 500 000 riverains d'aéroports qui subissent en France des nuisances sonores élevées, dont la majorité en Île-de-France. Pour le simple citoyen, la lutte contre le bruit provenant du trafic aérien passe par les associations de riverains (voir coordonnées p. 208). En attendant, la principale mesure concrète pour lutter contre le bruit est, en effet, une aide financière des exploitants d'aéroports pour l'insonorisation des logements, mais uniquement pour les riverains des onze grands aéroports français : Paris-Orly ; Paris-Charles-de-Gaulle ; Paris-Le Bourget ; Toulouse-Blagnac ; Marseille-Provence ; Nantes-Atlantique ; Nice-Côte d'Azur ; Lyon-Saint-Exupéry ; Mulhouse-Bâle ; Bordeaux-Mérignac, Beauvais-Tillé. Pour bénéficier de l'aide, le logement doit être situé dans une zone définie par le Plan de gêne sonore de l'aéroport établi par l'administration, qui peut être consulté en mairie. Le plan comporte trois zones (I, II, III), la zone I correspondant au niveau de bruit le plus élevé. La demande d'aide doit être adressée à l'exploitant de l'aéroport. Mais, préalablement, le riverain doit faire réaliser à ses frais un bilan acoustique par un bureau d'études spécialisé ou un acousticien, puis obtenir des devis de travaux qu'il transmettra à l'exploitant. S'il accepte ces devis, ce dernier lui indique l'aide à laquelle il aura droit. L'aide s'élève en principe à 80 % de la dépense totale (étude préalable

> **+** Les riverains ayant droit à un taux d'aide supérieur à 80 % **peuvent percevoir une avance** dès le début du chantier *(art. R. 571-87 VI du Code de l'environnement).*

et travaux), portée à 90 %, voire 100 %, pour les personnes aux revenus modestes, dans la limite d'un plafond fixé par arrêté, qui est variable selon la taille du logement et la zone dans laquelle il se situe. Le montant de l'aide est en principe versé à la fin du chantier sur présentation du devis.

Depuis le 1er juillet 2017, les bâtiments faisant l'objet d'importants travaux de rénovation (ravalement, rénovation de toiture), doivent également réaliser des travaux d'isolation acoustique *(Décret n° 2016-798 du 14.6.16)*. Cette obligation s'impose aux logements situés dans des zones particulièrement exposées au bruit tels que ceux situés dans un plan de gêne sonore d'un aéroport (PGS). Un arrêté du 13 avril 2017 fixe les exigences acoustiques minimales que devront respecter ces bâtiments rénovés.

RÉAGIR À UN TROUBLE ANORMAL DE VOISINAGE

Invoquer un trouble anormal de voisinage

Quelle que soit sa qualité, toute personne qui subit un trouble anormal de voisinage peut engager une action pour faire cesser les nuisances et réclamer des dommages et intérêts. Celle-ci doit cependant amener la preuve que la nuisance subie excède les inconvénients normaux de voisinage.

Qui peut agir ?

Toute personne a le droit d'invoquer un trouble anormal de voisinage, qu'elle soit locataire ou propriétaire, que sa résidence soit principale ou secondaire. Un propriétaire peut ainsi agir en justice pour faire cesser le trouble et se faire indemniser, même s'il n'habite pas sur le terrain victime du trouble *(Cass. civ. 3ᵉ du 03.03.16, n° 14-14534)*. Le locataire, l'occupant à titre gratuit et l'usufruitier peuvent aussi agir en ce sens, quelle que soit la qualité de l'auteur du trouble (propriétaire, locataire, occupant…). Un syndicat de copropriétaires peut également agir pour mettre en cause la responsabilité d'un des copropriétaires sur le fondement des troubles anormaux du voisinage *(Cass. Civ. 3ᵉ du 11.5.17, n° 16-14339)*. Et inversement le syndicat des copropriétaires peut être poursuivi pour les troubles émanant de la copropriété. La victime du trouble peut attaquer le propriétaire du fonds où le trouble est né, même si ce dernier n'émane pas de lui directement mais d'une personne avec laquelle il est lié par un contrat : locataire, entrepreneur… *(Cass. civ. 3ᵉ du 30.06.04, n° 03-11562)*. La victime peut aussi choisir d'attaquer directement l'auteur du trouble, le locataire par exemple. Mieux, il peut assigner les deux ensemble (un propriétaire et son locataire d'un stand de tir ont été condamnés ensemble pour le préjudice causé aux voisins par le bruit, *Cass. civ. 2ᵉ du 13.1.72 n° 70-11611)*. Un tiers peut également être tenu pour responsable d'un trouble anomal de voisinage sans en être directement l'auteur à condition qu'un lien de causalité existe. Sur un chantier, la responsabilité de l'architecte peut ainsi être retenue même s'il n'est pas intervenu matériellement sur l'immeuble, mais au regard de sa mission intellectuelle. Le lien de cause à effet doit toutefois être démontré

(Cass. civ. 3e du 28.04.11, n° 10-14516). Notez que même un entrepreneur intervenant sur le domaine public peut se voir reconnaître la qualité de voisin occasionnel et peut, à ce titre, être reconnu responsable pour trouble anormal de voisinage (cas d'une canalisation de gaz arrachée provoquant l'incendie de l'immeuble voisin, *Cass. Civ. 3e du 8.11.18, n° 17-24333 et 17-26120*).
Par ailleurs, le nouveau propriétaire d'un bien immobilier peut être responsable des troubles anormaux du voisinage, causés par des travaux mal réalisés par l'ancien propriétaire du bien *(Cass. 3e civ du 11.5.17, n° 16-14665).*

Le caractère anormal du trouble doit être prouvé

La notion de « trouble anormal de voisinage » a été créée par la jurisprudence, autrement dit par les tribunaux au fil de leurs décisions.

Qu'est-ce qu'un trouble anormal ?

Cette notion repose sur le principe selon lequel chacun doit nécessairement tolérer de la part de son voisinage une certaine dose de désagréments, inhérents aux nécessités même de la vie en société.

Attention, la préexistence d'une installation peut empêcher toute action

Sachez que la préexistence d'une installation provoquant des nuisances peut priver le voisinage de la possibilité d'obtenir réparation. L'article L. 112-16 du Code de la construction et de l'habitation prévoit qu'il n'est pas possible de demander réparation si le préjudice est dû à une activité agricole, industrielle, artisanale ou commerciale qui s'exerçait déjà quand le permis de construire du bâtiment qui abrite la victime de la nuisance a été demandé. Mais encore faut-il que les activités en question s'exercent en conformité avec les lois et règlements en vigueur et se poursuivent dans les mêmes conditions qu'à l'origine.

Il n'est pas nécessaire que le voisin ait commis une faute pour être sanctionné. Cependant, il peut arriver qu'une personne, même agissant en toute bonne foi et dans la limite de ses droits, occasionne à un voisin un préjudice excessif, bien supérieur à ce que la vie en société oblige à supporter. Les tribunaux invoquent alors les « limites aux inconvénients normaux du voisinage ». C'est le franchissement de ce seuil qui constitue le trouble anormal de voisinage et permet au tribunal d'accorder à la victime la cessation du trouble et des dommages et intérêts. Le critère est donc l'anormalité, le caractère excessif du trouble.

> **+** Les tribunaux **apprécient au cas par cas l'existence,** l'étendue et l'importance du trouble *(Cass. civ. 2e du 17.2.11, n° 10-14015).*

Les critères généralement retenus par les tribunaux sont les suivants : la fréquence et la durée du trouble, le moment où il se produit (jour ou nuit) ainsi que sa localisation (secteur calme ou bruyant, ville ou campagne, zone résidentielle ou industrielle…). Des juges ont ainsi retenu que la chute des feuilles mortes sur le terrain voisin ne constituait pas un trouble anormal de voisinage eu égard à la situation des lieux à savoir « l'environnement champêtre d'une petite commune rurale » *(CA de Nancy, civ. 2e du 15.11.12, n° 12-00570).*
En revanche les juges ont pu reconnaître l'existence d'un trouble de voisinage visuel dans le cas de voisins ayant entreposé dans leur jardin des détritus et autre rebus, ces objets étant visibles par leur proximité avec la maison voisine *(Cass. Civ. 3e du 8.3.18, n° 17-10315).*

Quels sont les moyens de preuve ?

La preuve des nuisances peut être faite par tous moyens : constat d'huissier, photographies des lieux, correspondances échangées avec le voisin, devis ou factures d'entrepreneurs, témoignages. Ces derniers s'avèrent particulièrement utiles dans le cas de bruits intermittents, comme les bruits de talons, par nature difficiles à faire constater par les autorités (agents municipaux, police et gendarmerie).
Ils doivent être rédigés sous une forme précise. Quoi qu'il en soit, vous avez intérêt à constituer un solide dossier. Vous pouvez, bien sûr, utiliser les preuves établies dans le cadre d'une éventuelle procédure pénale : constats d'huissiers, témoignages, PV… (voir le chapitre 11).

Les recours

Mieux vaut, dans tous les cas, essayer de résoudre le litige à l'amiable. Si la conciliation a échoué et que les nuisances perdurent, seule une action judiciaire peut permettre d'obtenir gain de cause. En fonction de la nature du trouble et de ce que vous souhaitez obtenir, le tribunal compétent sera civil, pénal ou administratif.

Essayer de régler le litige à l'amiable

Engager une action judicaire n'est jamais la solution à privilégier pour résoudre une cohabitation déjà délicate. Mieux vaut tenter de résoudre le litige avec votre voisin à l'amiable, soit directement, soit par l'intermédiaire d'un tiers.

Privilégier la discussion

Avant toute action, il est judicieux de rencontrer votre voisin pour tenter de trouver une solution amiable. Dans la mesure du possible, ne noircissez pas le tableau, mais essayez de faire valoir votre point de vue de la manière la plus objective possible. Invitez-le à venir constater la gêne subie, ou les dégâts occasionnés, car il peut ne pas être conscient de la nuisance qu'il occasionne. Si cette tentative est sans résultat, mettez le fautif en demeure, par lettre recommandée avec accusé de réception, de cesser le trouble en lui fixant un délai pour s'exécuter. Il n'existe pas de délai légal, choisissez un délai qui laisse le temps à votre interlocuteur de réaliser matériellement ce que vous lui demandez. Dans votre courrier, indiquez la règle de droit sur laquelle vous vous fondez. En l'absence de réaction de sa part, ou en cas de refus, vous pouvez faire appel à un huissier qui viendra constater la nuisance de façon à vous ménager une preuve, indispensable en prévision d'une action en justice.
Dans certains cas, notamment en matière de nuisances sonores, vous pouvez avoir recours au maire (voir le chapitre 10). Il est également possible d'alerter une association de consommateurs ou toute autre association spécialisée (voir coordonnées p. 208).

Saisir un conciliateur de justice

Il existe des conciliateurs de justice, qui ont pour mission de faciliter le règlement amiable des litiges avant toute procédure judiciaire. De nombreux conflits de voisinage sont réglés grâce à leur intervention. Ils s'occupent de tous les litiges entre particuliers, mais pas des litiges avec l'administration. Aucune formalité n'est requise pour les saisir : une simple lettre à leur permanence, en mairie ou au tribunal d'instance dont ils dépendent suffit. Ils peuvent se déplacer, auditionner toute personne susceptible de les aider dans leur mission et convoquer les parties. Cette convocation n'a aucun caractère contraignant, l'adversaire n'est pas tenu de s'y rendre. Sachez que le recours au conciliateur est gratuit. En cas d'entente, un constat d'accord est signé par les parties et le conciliateur. Un exemplaire est remis à chaque personne intéressée par l'affaire, tandis qu'un autre est déposé au greffe du tribunal d'instance. Si les parties le désirent, le juge d'instance peut donner force exécutoire à ce constat, ce qui lui donne la même valeur qu'un jugement (il permet alors aux parties de faire exécuter la décision, par huissier par exemple). Par ailleurs, la loi de modernisation de la justice du XXIème siècle, adoptée le 18 novembre 2016, impose, pour les litiges inférieurs à 4 000 €, que la saisine du tribunal d'instance soit obligatoirement précédée d'une tentative de règlement amiable menée par un conciliateur de justice, sous peine d'être irrecevable (sauf à pouvoir justifier d'un motif légitime ou d'autres tentatives de résolution amiable).

> **+** Celui qui se plaint d'un trouble de voisinage doit saisir la justice **dans un délai de cinq ans** à compter de la constatation du trouble ou de son aggravation *(Cass. Civ. 2e du 13.9.18, n° 17-22474).*

Le tribunal civil : juridiction de droit commun

Lorsqu'aucun accord amiable n'a pu être trouvé pour régler le litige, le tribunal pourra être saisi pour départager les parties. Les tribunaux civils sont compétents pour la plupart des litiges de voisinage qui ne constituent pas nécessairement une infraction pour laquelle une sanction pénale est prévue. D'une manière générale, en l'absence de tout texte prescrivant une procédure particulière, le trouble anormal de voisinage, s'il est effectif, se règle devant les tribunaux civils. Cette action permet d'obtenir la cessation du trouble et l'octroi de dommages et intérêts en réparation du préjudice causé par les nuisances.

Le montant du litige détermine le juge compétent

Le tribunal à saisir varie selon le montant des dommages et intérêts demandés. Mais sachez que chaque tribunal a aussi des domaines de compétence propres, indépendamment du montant des dommages et intérêts : on parle alors de compétence d'attribution (voir encadré ci-dessous). En principe, si les dommages et intérêts demandés n'excèdent pas 10 000 €, vous devez vous adresser au tribunal d'instance.

L'assistance d'un avocat n'est pas obligatoire, mais peut être utile pour éviter de vous retrouver devant un adversaire défendu par un professionnel du droit.

Lors de l'audience, le juge **peut tenter une dernière conciliation** ou ordonner une expertise, dont les frais d'expert sont, du moins momentanément, à votre charge.

Chaque tribunal a son domaine de compétence propre

Dans certains cas, le tribunal d'instance est seul compétent, indépendamment du montant de la demande : on parle alors de compétence d'attribution. C'est le cas pour les actions en bornage, celles qui concernent les distances des plantations, l'élagage des arbres ou des haies, le drainage et l'assainissement des terres notamment *(art. R. 221-12 et R. 221-16 du Code de l'organisation judicaire)*. De son côté, le tribunal de grande instance est seul compétent pour les litiges relatifs à la propriété et à la possession d'un bien immobilier.Sa compétence s'étend aux différends ayant trait à l'établissement d'un droit de passage légal, aux problèmes de mitoyenneté d'un mur ou d'une clôture et aux contestations concernant une servitude.

En cas de litige portant sur un montant inférieur à 4 000 €, vous pouvez saisir vous-même le tribunal d'instance par une simple déclaration au greffe (voir modèle de lettre p. 207). Attention car depuis la loi de modernisation de la justice du XXIème siècle adoptée le 18 novembre 2016, votre déclaration préalable pour être recevable, doit obligatoirement être précédée d'une tentative de conciliation menée par un conciliateur de justice. Pour les litiges supérieurs à 4 000 €, le tribunal d'instance doit être saisi par voie d'huissier (voir modèle de lettre p. 206).
Au-dessus de 10 000 €, il faut vous adresser au tribunal de grande instance, obligatoirement par l'intermédiaire d'un avocat.

Qui supporte les frais du procès ?

Dans notre pays, la justice est gratuite. Cela ne signifie pas pour autant qu'un procès ne coûte rien, mais seulement que magistrats, greffiers et personnels administratifs sont rémunérés par l'État, lequel prend aussi en charge le fonctionnement des tribunaux. En revanche, les frais liés à l'intervention des auxiliaires de justice, tels que l'avocat, l'huissier (pour l'assignation, c'est-à-dire la convocation de votre adversaire devant le tribunal) et l'expert, doivent être avancés par les justiciables. Ces frais peuvent être très élevés, principalement en raison des honoraires de l'avocat, fixés librement par ce dernier et variant fortement d'un professionnel à l'autre. Par ailleurs, les « dé-

Utiliser le contrat de protection juridique de son assurance

**La plupart des assureurs proposent des contrats d'assurance de protection juridique, dont l'objet est de fournir l'assistance de juristes et, en cas de litige, la prise en charge de la défense des intérêts de l'assuré, au besoin devant les tribunaux.
En cas de procès, l'assureur prend généralement en charge la procédure judiciaire (frais d'avocat, d'huissier, d'expert...) dans la limite d'un montant maximal par litige, prévu au contrat. Sans le savoir, vous bénéficiez peut-être déjà d'une telle protection dans le cadre de votre assurance multirisque habitation ou de votre assurance automobile. Relisez votre contrat et renseignez-vous auprès de votre assureur.**

pens » restent à la charge de celui qui perd le procès. Les dépens comprennent principalement les frais d'huissiers et la rémunération des experts *(art. 695 du Code de procédure civile CPC)*. Le perdant rembourse donc au gagnant la partie de ces sommes qu'il avait avancées *(art. 696 du CPC)*. Quant aux honoraires d'avocat, ils restent normalement à la charge de celui qui l'a engagé. Cependant, vous pouvez demander au juge (par l'intermédiaire de votre avocat) de condamner votre adversaire à prendre en charge une partie de ces frais en plus des dépens, s'il perd le procès *(art. 700 du CPC)*.

+ Si vos ressources sont modestes, vous pouvez **bénéficier de l'aide juridictionnelle totale ou partielle** : renseignez-vous auprès du greffe du tribunal dont dépend votre domicile.

Les autres recours

Si le trouble subi constitue une infraction pénale, prévue par un texte, des poursuites pénales peuvent être engagées. Sont notamment réprimés pénalement le bruit abusif, les violences, les menaces verbales… Pour saisir le tribunal compétent (tribunal de police pour les contraventions ou tribunal correctionnel pour les délits), deux possibilités : le dépôt de plainte ou la citation directe (par voie

Réforme de la justice : la fusion des tribunaux d'instance et de grande instance

Les modalités de recours devant les tribunaux civils vont prochainement être modifiés. En effet, un projet de loi de réforme de la justice, non encore adopté au moment où nous publions ce guide, prévoit de fusionner les tribunaux d'instance et de grande instance. De plus, la tentative de résolution amiable qui existe aujourd'hui devant le tribunal d'instance serait rendue obligatoire également devant le tribunal de grande instance pour les litiges relatifs aux troubles de voisinage.

d'huissier). L'auteur de l'infraction pourra être condamné à une amende et/ou une peine d'emprisonnement. Si vous souhaitez obtenir des dommages et intérêts, il faudra vous constituer partie civile. Enfin, si le trouble relève d'une décision ou d'un acte mettant en cause une administration ou un organisme de service public, vous pouvez demander l'annulation de cet acte, voire des dommages et intérêts, devant le tribunal administratif. Il peut s'agir, par exemple, de contester un permis de construire, de réclamer une indemnisation à une commune pour des nuisances émanant d'une salle des fêtes ou de travaux sur la voie publique…

ANNEXES

Modèles

Demande de bornage amiable

Lettre recommandée avec avis de réception

Vos coordonnées

Coordonnées du voisin

Date et lieu

Objet : Bornage

Madame, Monsieur,
Comme je vous l'ai indiqué verbalement, j'ai l'intention de faire construire un garage sur le terrain situé à l'arrière de ma maison, et qui jouxte le vôtre. Cette construction doit être implantée en limite séparative de nos deux terrains. Or ces terrains ont toujours été séparés par une simple haie, sans aucune marque plus précise permettant de les délimiter
(Précisez votre cas). Aussi, afin d'éviter que cette future construction n'empiète sur votre propre terrain, je vous propose que nous fassions effectuer un bornage de nos terrains à frais communs.
Selon un géomètre-expert que j'ai consulté, le coût de cette opération serait de l'ordre de 500 €. Je serais disposé à prendre à ma charge les deux tiers de cette dépense.
En vous remerciant par avance de votre réponse, je vous prie de croire, Madame, Monsieur, à l'assurance de mes sentiments les meilleurs.

Signature

Demande d'acquisition de mitoyenneté d'un mur privatif

Lettre recommandée avec avis de réception

Vos coordonnées

Coordonnées du voisin

Date et lieu

Objet : Cession de mitoyenneté

Madame, Monsieur,
Vous venez de construire un mur en limite séparative de nos deux propriétés, dont je souhaiterais acquérir la mitoyenneté en totalité (*ou une partie de celui-ci, à préciser)*, conformément aux dispositions de l'article 661 du Code civil.
Je vous propose donc de nous rencontrer afin de discuter des conditions financières de l'opération et d'élaborer un projet de convention que nous soumettrons par la suite à un notaire.
Je ne doute pas que cette affaire pourra se régler d'un commun accord. À défaut, je serai contraint de saisir le tribunal.
Dans l'attente de vous rencontrer, je vous prie de croire, Madame, Monsieur, en l'assurance de ma considération distinguée.

Signature

Demande de déplacement de clôture

Lettre recommandée avec avis de réception

Vos coordonnées

Coordonnées du voisin

Date et lieu

Objet : Déplacement de clôture

Madame, Monsieur,
Je me permets de revenir vers vous suite à notre conversation téléphonique du *(date)*
En date du *(date)*, vous avez décidé unilatéralement de l'installation d'un mur de clôture afin de séparer nos deux propriétés.
Or, après vérifications, il apparaît que ce mur empiète de quelques centimètres sur notre propriété *(ci-joint le procès-verbal de bornage réalisé avec l'ancien propriétaire de votre terrain, ou toute autre preuve que vous pouvez amener)*.
Nous vous rappelons que sur le fondement du droit de propriété prévu par les articles 544 et 545 du Code civil, les tribunaux sanctionnent un empiètement aussi minime soit-il.
Je vous prie de bien vouloir, pour cette raison, déplacer cette clôture sur votre propre terrain. En l'absence de réaction de votre part dans un délai de *(précisez)* jours, nous serons contraints de saisir le tribunal afin d'obtenir satisfaction.
Espérant ne pas devoir en arriver à cette extrémité, je vous prie de recevoir, Madame, Monsieur, mes salutations respectueuses.

Signature

Demande d'édification d'une clôture commune

Lettre recommandée avec avis de réception

Vos coordonnées

Coordonnées du voisin

Date et lieu

Objet : Édification d'une clôture

Madame, Monsieur,
Par courrier en date du *(date)*, je vous ai fait part de mon souhait de construire, à frais communs, un mur mitoyen séparant nos deux propriétés. Vous n'avez pas donné suite à cette proposition.
Ainsi, conformément aux dispositions de l'article 663 du Code civil, je propose que nous procédions à la construction de ce mur dans les conditions suivantes :
- La construction se fera à cheval sur la limite de nos deux propriétés ;
- Nous supporterons à parts égales les frais occasionnés par la construction de ce mur ;
- La hauteur de ce mur sera de *(précisez)* mètres *(indiquer la hauteur en fonction des usages locaux ou du Code civil)*.

J'attends une réponse rapide de votre part, afin que nous puissions nous rencontrer pour choisir ensemble les matériaux nécessaires et l'entreprise chargée des travaux.
À défaut, je me verrais dans l'obligation de m'adresser au juge, afin qu'il fixe le montant de votre participation financière.
Espérant ne pas devoir en arriver à une telle extrémité et dans l'attente d'une réponse favorable de votre part, je vous prie de croire, Madame, Monsieur, en l'assurance de ma considération distinguée.

Signature

Demande de participation aux frais de remise en état d'un mur mitoyen

Lettre recommandée avec avis de réception

Vos coordonnées

Coordonnées du voisin

Date et lieu

Objet : Travaux sur le mur mitoyen

Madame, Monsieur,
Nous venons d'acquérir la maison voisine de la vôtre et sommes au regret de constater que le mur mitoyen est en assez mauvais état, il menace de s'écrouler. Sa réparation s'avère donc nécessaire.
Par conséquent, je vous demande, en application de l'article 655 du Code civil, de participer en tant que copropriétaire de ce mur, à la moitié de ses frais de remise en état.
J'ai fait établir à cet effet un devis estimatif des travaux à réaliser, au titre duquel, si vous l'acceptez, votre participation s'élèverait à *(précisez)* €.
Je reste à votre disposition pour toute proposition d'un autre devis et joins à la présente la copie du devis estimatif de travaux.
Dans l'attente de votre accord, je vous prie d'agréer, Madame, Monsieur, l'expression de mes sentiments les meilleurs.

Signature

Demande de désenclavement

Lettre recommandée avec avis de réception

Vos coordonnées

Coordonnées du voisin

Date et lieu

Objet : Désenclavement et droit de passage

Madame, Monsieur,
Compte tenu de la configuration des lieux, ma propriété se trouve enclavée. N'ayant pas d'accès à la voie publique, je ne peux donc pas rejoindre ma propriété en voiture. J'entends de ce fait exercer sur votre terrain la servitude de passage prévue par l'article 683 du Code civil en un tel cas et à laquelle vous ne pouvez pas vous opposer.
Il serait souhaitable que nous convenions d'un rendez-vous afin d'établir les conditions d'exercice de cette servitude et le montant de l'indemnité que j'aurais à vous verser.
À défaut d'accord, je serai contraint de saisir le tribunal de grande instance pour faire valoir mes droits.
Espérant vous rencontrer au plus vite, je vous prie de croire, Madame, Monsieur, en l'assurance de ma considération distinguée.

Signature

Demande de servitude de tour d'échelle

Lettre recommandée avec avis de réception

Vos coordonnées

Coordonnées du voisin

Date et lieu

Objet : Servitude de tour d'échelle

Madame, Monsieur,
Je vous ai rendu visite hier pour vous demander l'autorisation d'installer un échafaudage en bordure de nos deux propriétés. Face à votre réticence, j'ai consulté mon entrepreneur. Malheureusement, il n'est pas possible de procéder autrement qu'en pénétrant sur votre terrain pour effectuer le ravalement du mur pignon de ma maison *(indiquez les travaux envisagés)*, travaux qui s'avèrent indispensables.
Bien entendu, je m'engage à prendre à ma charge les dégâts qui pourraient survenir sur votre propriété. Je suis également disposé à vous dédommager pour la gêne occasionnée. Les travaux commenceront le *(date)* et dureront environ *(durée)*.
Je vous propose donc que nous fixions un rendez-vous pour examiner les modalités de cette autorisation et que nous établissions un état des lieux pour protéger au mieux vos droits. En cas de refus de votre part, je me verrai dans l'obligation de saisir la juridiction compétente. Veuillez recevoir, Madame, Monsieur, mes respectueuses salutations.

Signature

Demande de débroussaillage au voisin

Lettre recommandée avec avis de réception

Vos coordonnées

Coordonnées du voisin

Date et lieu

Objet : Obligation de débroussaillage

Madame, Monsieur,
Comme vous le savez, nos habitations sont situées près de la forêt, dans une région particulièrement propice aux incendies. Or, votre terrain n'est pas entretenu. En cas d'incendie, ce terrain non débroussaillé contribuerait à propager le feu et mettrait ainsi mon terrain et ma maison en danger.
Par conséquent, je vous demande de bien vouloir débroussailler votre terrain dans un délai de *(précisez le délai ou indiquez « dans les meilleurs délais »)* jours.
Je vous remercie de votre compréhension et vous prie de recevoir, Madame, Monsieur, l'expression de mes sentiments distingués.

Signature

Demande d'élagage ou d'arrachage des plantations

Lettre recommandée avec avis de réception

Vos coordonnées

Coordonnées du voisin

Date et lieu

Objet : Distance et hauteur des plantations

Madame, Monsieur,
Les arbres plantés sur votre terrain l'ont été à moins de 2 mètres de la limite séparative de nos deux propriétés. Ils mesurent aujourd'hui plus de 3 mètres de hauteur ce qui a pour effet de générer une perte d'ensoleillement importante sur notre terrain.
Dans la mesure où aucun règlement particulier ni usage n'est en vigueur dans notre commune, ce sont les dispositions légales qui s'appliquent. Ainsi, conformément à ce que prévoit l'article 671 du Code civil, les plantations dépassant 2 mètres doivent être plantées à 2 mètres au moins de la limite séparative des deux propriétés.
Je vous prie en conséquence de bien vouloir procéder à l'élagage des plantations concernées afin de les ramener à une hauteur inférieure à 2 mètres, ou de les arracher. À défaut, je me verrai dans l'obligation d'agir par voie judiciaire.
Espérant que vous faciliterez le règlement de ce litige, je vous prie de recevoir, Madame, Monsieur, mes salutations distinguées.

Signature

Lettre à un voisin bruyant

Lettre recommandée avec avis de réception

Vos coordonnées

Coordonnées du voisin

Date et lieu

Objet : Faire cesser le bruit

Madame, Monsieur,
Je suis votre voisin du dessous et je vous écris pour vous faire part d'un problème de bruit qui me préoccupe de plus en plus. Tout particulièrement les bruits de *(décrivez la situation)*.
Je sais qu'il est difficile de se rendre compte précisément des bruits que l'on provoque et je suis persuadé que c'est votre cas. Je pense qu'il serait bon que nous nous rencontrions pour en parler et pour que vous puissiez les constater par vous-même.
Je me permets de vous rappeler par ailleurs la réglementation en vigueur :
- arrêté municipal ou préfectoral *(s'il existe)* ;
- articles R. 1337-6 et suivants du Code de la santé publique ;
- article R. 623-2 du Code pénal.

Dans l'attente de vous rencontrer, je vous prie d'agréer, Madame, Monsieur, l'expression de mes sentiments les meilleurs.

Signature

Plainte pour nuisances sonores

Lettre recommandée avec avis de réception

Vos coordonnées

Coordonnées du commissariat de police

Date et lieu

Objet : Plainte pour nuisances sonores

Monsieur le commissaire,
Je soussigné(e) *(nom et prénom)*
Demeurant à *(adresse)*
Exerçant la profession de *(précisez)*
Ai l'honneur de porter plainte entre vos mains contre *(nom de l'auteur de l'infraction ou plainte contre X si l'auteur de l'infraction vous est inconnu)*. En raison des faits suivants : *(énoncez les faits et joignez les copies des courriers échangés et du constat éventuel)*.
Je me tiens à votre disposition pour tout complément d'information. Je vous saurais gré de donner à cette affaire la suite légale qu'elle comporte et vous prie de croire à ma haute considération.

Signature

Témoignage

Je soussigné (e) *(nom, prénoms)*
Né(e) à *(lieu)* le *(date)*, demeurant à *(adresse)*, profession *(précisez)*, déclarant n'avoir aucun lien de parenté ou d'alliance avec aucune des parties et ne pas être sous leur dépendance économique *(ou s'il n'en est pas ainsi, préciser le lien)*, certifie l'exactitude des faits ci-après pour en avoir été le témoin direct : *(relater les faits le plus précisément possible)*.
Je délivre la présente attestation à Monsieur ou Madame *(nom, prénom)* et je suis informé(e) du fait que celui-ci (celle-ci) doit la produire en justice dans le procès qu'il (elle) a engagé contre Monsieur ou Madame *(nom, prénom)*.
J'ai parfaitement conscience de ce que toute déclaration mensongère de ma part m'engagerait à des sanctions pénales :
Faire figurer la mention manuscrite suivante : « Est puni d'un an d'emprisonnement et de 15000 euros d'amende le fait d'établir une attestation ou un certificat faisant état de faits matériellement inexacts » (art. 441-7 du Code pénal) ».

Signature

Joindre au témoignage la copie d'une pièce d'identité comportant la signature du témoin.

Fait à *(lieu)*, le *(date)*

Demande à un huissier de saisir le tribunal

Lettre recommandée avec avis de réception

Vos coordonnées

Coordonnées de l'huissier

Date et lieu

Objet : Assignation en justice

Maître,
Je vous demande de bien vouloir trouver ci-après les éléments d'une demande en justice contre mon voisin Monsieur ou Madame *(préciser son nom, son adresse et sa profession). (Résumez l'affaire en quelques mots et précisez vos demandes)* :

....

....

Je vous saurais gré, sur la base de cette demande, de bien vouloir procéder à une assignation devant le tribunal d'instance de *(préciser le lieu)* dans les plus brefs délais. Je me tiens à votre disposition pour toute information complémentaire et je vous prie de croire, Maître, à ma considération distinguée.

Signature

Déclaration au greffe

Lettre recommandée avec avis de réception

Vos coordonnées

Coordonnées du greffe du tribunal

Date et lieu

Objet : Assignation en justice

Monsieur le greffier,
Je soussigné(e) *(nom, prénom et profession)*, ai l'honneur de vous exposer le litige qui m'oppose à Monsieur ou Madame *(nom, prénom, adresse et profession de l'adversaire)*. Je souhaite intenter une action *(en réparation ou en remboursement ou toute autre action)* à son encontre.
Le litige que j'ai en effet avec lui concerne *(décrivez le litige qui vous oppose à votre voisin et vos demandes)*.
Toute tentative de règlement amiable ayant échoué, je vous prie de bien vouloir prendre en considération cette demande et convoquer la partie adverse afin que cette affaire soit jugée dans les meilleurs délais.
Veuillez croire, Monsieur le Greffier, en l'expression de mes sentiments respectueux.

Signature

Adresses utiles

Fédérations nationales de défense du cadre de vie et de l'environnement

Consommation, logement et cadre de vie (CLCV)
29 rue Alphonse Bertillon 75015 Paris
Tél : 01 75 43 30 40
accueil@clcvparis.org
http://clcvparis.org/

France nature environnement
(rassemble près de 3 000 associations réparties sur l'ensemble du territoire national)
81-83, bd de Port Royal 75013 Paris
tél : 01 44 08 02 50
www.fne.asso.fr

Bruit, troubles de voisinage

Association Anti-bruit de Voisinage (AAbV) Secrétariat
120 chemin des pinettes
13880 Velaux
www.aabv.fr

Centre d'information et de documentation sur le bruit (CIDB)
12-14, rue Jules Bourdais 75017 Paris
tél : 01 47 64 64 64
www.bruit.fr

Nuisances des aéroports

Autorité de contrôle des nuisances sonores aéroportuaires (Acnusa)
244 Bd St Germain 75007 Paris
www.acnusa.fr
Tél : 01 53 63 31 80
contact@acnusa.fr

Union française contre les nuisances des aéronefs (UFCNA)
www.ufcna.eu

Panneaux publicitaires, protection du paysage

Paysages de France
5, place Bir-Hakeim,
38000 Grenoble
tél : 04 76 03 23 75
www.paysagesdefrance.org

Éoliennes

Vent de colère
Fédération nationale
6 montée du château
07340 Peyraud
www.ventdecolere.org

Antennes de téléphonie mobile

Robin des toits
55 rue des Orteaux
75020 Paris
tél : 01 47 00 96 33
www.robindestoits.org

Priartem
(pour une règlementation des implantations d'antennes relais de téléphonie mobile)
Boîte 64
206, quai de Valmy 75010 Paris
tél : 01 42 47 81 54
www.priartem.fr

A-B

C

D-E

Dans la même collection

Logement

Assemblée générale de copropriété – Mars 2019
Acheter ou vendre en viager – Mars 2019
Créez et gérez votre SCI – Décembre 2018
Acheter ou vendre votre logement – Juillet 2018
Gérez votre location meublée ou saisonnière – Juillet 2018
Réussir votre location – Avril 2018
Propriétaires, locataires : à chacun ses dépenses – Mars 2018
Bien négocier votre crédit immobilier – Décembre 2017
Devenir syndic bénévole de copropriété – Novembre 2017
Devenir conseiller syndical de copropriété – Novembre 2017
Organiser et voter les travaux en copropriété – Octobre 2017
Copropriété : Maîtrise des charges et comptabilité – Septembre 2017
Faire réaliser des travaux – Septembre 2017
Gérer un bail commercial ou professionnel – Avril 2017

Famille

Faire face au décès d'un proche – Février 2019
Les droits des personnes handicapées – Octobre 2018
Divorce, préservez vos intérêts – Septembre 2018
Réussir sa famille recomposée – Septembre 2018
Tutelle, curatelle, protéger un proche – Juillet 2018
Recueillir un héritage – Juillet 2018
Anticiper la dépendance – Juin 2018
Conclure un Pacs – Avril 2018
Se marier et gérer son patrimoine – Février 2018
Votre notaire et vous – Décembre 2017
Préparez votre succession – Décembre 2017
Employer du personnel à domicile – Novembre 2017
Aider financièrement vos enfants – Octobre 2017
Assurance-vie : les stratégies gagnantes – Juin 2017

Vie professionnelle

Créer et gérer une association loi 1901 – Juin 2018
Devenir micro-entrepreneur – Juillet 2017

Éditrice : **Malika Moulai**
Rédactrice en chef adjointe : **Édith Tavignot**
Rédacteurs : **Jean-Léon Gantier, Arnaud Saugeras**
Responsable d'édition : **Marianne Rouet**
Chef de fabrication : **Aurélien Sebag**
Couverture et réalisation : **Acis&Galaté**
Conception graphique : **Matthieu Mercier**

Cet ouvrage a été réalisé sous la direction de **Marianne Rouet**
Avec la collaboration d'**Amélie Fondimare**

14, bd Haussmann - 75009 Paris Cedex
Directeur de la publication : **Marc Feuillée**
Impression, façonnage : Nouvelle imprimerie Laballery
Crédit photo : © Kali9 - Istockphoto

Numéro d'impression : 903138
Dépôt légal : Mars 2019

La liste de nos ouvrages est consultable sur ***leparticulier.fr***